# 聚焦

## 未来10年业绩增长新引擎

## FOCUSING

王冠群 著

中国和平出版社

图书在版编目（CIP）数据

聚焦：未来10年业绩增长新引擎 / 王冠群 著. -- 北京：中国和平出版社，2014.10

ISBN 978-7-5137-0890-6

Ⅰ. ①聚… Ⅱ. ①王… Ⅲ. ①企业绩效－经济增长－研究 Ⅳ. ① F270.3

中国版本图书馆 CIP 数据核字 (2014) 第 250861 号

**聚焦：未来10年业绩增长新引擎**

王冠群　著

出 版 人：肖　斌
责任编辑：刘浩冰
装帧设计：王颖会
责任印刷：石亚茹

出版发行：中国和平出版社
发 行 部：010－82093806
网　　址：www.hpbook.com
经　　销：新华书店
印　　刷：艺堂印刷（天津）有限公司
社　　址：北京市海淀区花园路甲13号院7号楼10层（100088）

开　　本：700毫米 ×1000毫米　1/16
印　　张：19.5
字　　数：260千字
版　　次：2015年1月北京第1版　2019年8月第7次印刷



ISBN 978-7-5137-0890-6　　定价：48.00元

# 目录
c o n t e n t s

## Chapter 3



企业和企业之间的较量是符号产品，如何才能从行业中突显出来成为排头兵？要么成就唯一，轻松植入消费者的心智，要么单品突破，在同类产品中位居第一。



## Chapter 4



经营企业就是没有终点的马拉松，要想获得持续成功，必须要持续地对聚焦的产品进行升级，不断地丰富产品结构，形成“海陆空”全网作战群，保护核心产品以立于不败之地。

## Chapter 5

## 聚焦才能"赢销" / 103

市场从不缺好产品，缺好营销！好营销可以将一个普通产品升级为品牌产品，坏营销却会让一个好产品失去胜出的机会。好产品，加上好营销，才可以让企业飞起来！



## Chapter 6

## 锁定优势市场，打造根据地 / 151

有效市场数量不断增加的过程，市场质量不断提升的过程，就是市场聚焦的过程。其核心是，在"根据地"获得竞争优势，然后逐步扩大优势领域的范围，直至取得全国性的胜利。

## Chapter 7

## 聚拢人力，让核心人员对号入座 / 191

同样的产品，同样的市场，因为企业老板不一样，团队不一样，所以经营结果不一样！在企业所有因素中，人才是第一生产力。唯有解决了人的问题，才能保证战略的实施和品牌效益、销量、利润等的稳定持续增长。



## Chapter 8

## 向团队要业绩，带出精兵强将 / 245

企业的战略可能会变、产品可能会变、使命可能会变，但只要有一个厉害的团队，团队有不变的信念和能力，就不管遭受多少挫折都可以保持战斗力，最终都会获得成功。

## 前言：
## 决定你江湖地位的，究竟是什么？

一个成功的人或者一个成功的企业，都需要得到社会的认可、尊重。而别人的认可、尊重，是因为你有地位，不管是社会地位、行业地位，还是江湖地位。

那么，是什么决定着一个企业或者一个人的江湖地位？

很多人说江湖地位是由综合实力决定的：个人的金钱的多少；权力的大小；企业产品销量的多少；规模的大小；品牌知名度的高低等等。我不这么认为。煤老板有钱，贪官有权，却少有人尊重。某些国有企业规模很大、品牌很响、实力很强，却不被老百姓认可。所以，有综合实力的不一定有江湖地位。

一个人或者企业的江湖地位是由影响力决定的，而影响力是由成就决定的。

再进一步来讲，个人的成就是由他的长板决定的。

何为一个人的长板？简单来讲就是促使一个人功成名就的特长或个人符号。

比如，想到刘翔我们就会联想到 110 米跨栏；

想到姚明我们会联想到篮球；

想到郎朗我们会联想到钢琴；

想到宋祖英我们会联想到民歌；

想到袁隆平我们就会联想到杂交水稻；

想到陈景润我们马上会联想到哥德巴赫猜想……

因为110米栏是刘翔的长板，篮球是姚明的长板，钢琴是郎朗的长板，民歌是宋祖英的长板，杂交水稻是袁隆平的长板，数学是陈景润的长板，同时这些长板也是他们的个人符号。这些长板和符号奠定了他们的行业地位、社会地位。

你不会考虑姚明和刘翔会不会写文章，郎朗会不会打篮球，陈景润会不会演讲，人们更关注促使他们走向成功的那一项特长！

那么，如何打造属于自己的长板？

首先，要发现自己的比较优势！就是，比较而言，自己在哪一方面有特长、特别喜欢或者爱好什么。

很多人上学时都有这样的经历：偏科，要么文科好，要么理科好，门门都优的人很少。我也是这样。上高中时，我文科非常好，理科非常差。班主任经常提醒我：王冠群，你能不能抽出一些时间把理科补一补？于是我上语文、英语课时经常偷偷补习数理化，但是高考时数理化分数依然很低，因为它们不是我的特长。

现在想想，如果当年我把补习数理化的时间放在学语文上，那我文科岂不是好上加好？

这是我后来才明白的一个道理，“水桶理论”也许并不适用于个人成长方面，个人的成长，更多的是靠长板，长板越长，个人成长越快，而回报率最高的投资是成长的机会。于是大学毕业，当很多同学凭关系进了国有企业、事业单位，所有人都对他们羡慕嫉妒恨时，我却放弃分配机会，自主择业，去了康师傅，从我喜欢而且擅长的基层营销做起，并且不断成长——从最底层的业务，然后做到销售主管、做到营销总监、做到拥有10家子公司的集团公司总经理……中间也曾换过几家企业，但我首先考虑的是成长的机会和如何发挥自己的特长，而不是收益，然后才有了今天的我。

现在，当初进国有企业和事业单位的同学，整天活在消极抱怨之中，而我却活在激情之中。他们虽然起点很高，但成长环境和机会较差，没有成长起来；我虽然起点很低，但成长机会较多，我的爱好成为了我的个人特长。

其次，要专注在一个行业里、一种职业上发展。

前一段时间，偶遇一个 17 年前在康师傅共过事的同事，我发现他依然在做业务员，聊完近况后，他自己也很是不解：为什么同样工作 17 年，我们的差距会这么大？

我分析，因为这 17 年中，他在不同的行业间跳槽、从事不同的职业，从快消品企业跳到工业品企业，从工业品企业跳到餐饮企业，然后又跳回快消品企业。他有跳槽的经历，但是没有成功的经验。而我一直在快消品行业做，从台资企业到跨国企业，从跨国企业到民营企业，从最底层业务员做到总裁。

这应该是专注的力量，也就是职业聚焦的力量。因为我做的、研究的，包括帮助客户解决的都是我所专职的这个行业的东西，所以，它能成为我的长板、我的专精。包括现在工作之余，我也给企业家讲课，很多企业家会问我还讲哪些课？我说我没有其他课程，我只讲“聚焦”。多年的实操经验让我明白：当一个人什么都会的时候，肯定什么都不精通！

一个人发现了自己的长板就有了成就，有了成就就有了影响力，有了影响力就有了江湖地位！

那么，又是什么决定一个企业的市场地位？符号产品决定着一个企业的市场地位！

何为符号产品？简单来讲就是有特点的品牌产品——给消费者留下美好印象的产品，消费者吃了还想吃、喝了还想喝、用了还想用的产品。

想到空调我们首先联想到哪个企业？格力！

想到凉茶我们首先联想到哪个企业？加多宝！

想到高端白酒我们首先会联想到哪个企业？茅台！

想到碳酸饮料我们首先会联想到哪个企业？可口可乐！

想到比萨我们首先会联想到哪个企业？必胜客！

想到咖啡我们首先会联想到哪个企业？星巴克！

想到功能饮料我们首先会联想到哪个企业？红牛！

……

因为格力成了空调的符号，加多宝成了凉茶的符号，茅台成了高端白酒的符号，可口可乐成了碳酸饮料的符号，必胜客成了比萨的符号，星巴克成了咖啡的符号，红牛成了功能饮料的符号！有很多企业做空调，做茶饮料，做高端白酒，做碳酸饮料，做红烧牛肉面，做核桃露，做功能饮料，可称为红花的只是一家知名企业，其他的大多只是绿叶。这就是特色品牌产品的威力！

如何打造企业的江湖地位？

首先，要研发有特点的产品。

因为市场不缺少产品，缺少的是有特点的产品，至少是在某一阶段独一无二的产品。苹果手机上市前中国不缺手机，统一老坛酸菜牛肉面上市前中国不缺方便面，养元六个核桃上市前中国不缺植物蛋白饮料，江中猴姑饼干上市前中国不缺饼干。研发能够满足消费者潜在需求的产品是企业发展的王道。苹果手机满足了手机的体验消费；统一老坛酸菜牛肉面使方便面由好吃看不见到好吃看得见；六个核桃不仅能解渴还能健脑，江中猴姑不仅能充饥还能养胃。因为产品力的领先，就会带来市场领先。

其次，要坚持做第一品牌。

市场不缺产品，也不缺有特点的产品，但缺有影响力的特点产品。世界第一高峰是珠穆朗玛峰，那第二高山叫什么呢？相信很多人都说不上来。有特点的产品如果不做品牌，不做第一品牌，同样会淹没在市场的海洋中。因为，消费者消费要么是“唯一”，要么是“第一”。唯一是特色，第一是品牌。没有唯一如何成为第一？不是第一，消费者凭什么产生消费忠诚？

所谓“特点产品”，一定要做成第一品牌，而且要坚持去做。哪怕已经做到第一了，依然可以重复提示消费者。这是品牌传播最有效的方法。比如康师傅红烧牛肉面我们吃了22年，现在打开电视机，仍然可以看到红烧牛肉面的广告。

第三，就是实施聚焦战略：一个企业，一个好产品，就够了！

产品的多少和销量的大小没有直接关系，不是说产品越多销量就越大。企业像父母，产品像孩子。父母的资源、精力、时间都是有限的，养10个孩子成功的概率肯定不如养一个孩子成功的概率高。

加多宝、养元、红牛等企业，都是资源聚焦成功的典范。因为有特色产品，因为坚持做品牌，因为聚焦，这些企业创造了有利润的销量，有了影响力，也就有了江湖地位。

我的一个同学上学时综合分数总是第一，可门门都不是很优秀，目前依然在为生存奋斗。我们国家有一个很有实力的企业——中粮，宣称要打造全产业链，能不能打造成功不知道，但我知道中粮的红酒、巧克力、方便面等产业在所属的行业都不是第一。

人和人之间的较量是特长。因为有特长所以有成就，因为有成就所以有圈子，因为有圈子所以有影响力，因为有影响力所以有江湖地位！

企业和企业之间的较量是符号产品。消费者为你买单，是冲着你的产品而来，你的产品力不行，消费者就会用脚投票（转身走掉）！

王冠群

2014年8月

王冠群微信二维码　　王冠群新浪微博二维码

# 1

# 只要有竞争存在，企业就需要聚焦

C H A P T E R

为什么我们总会感觉企业越做越难？
因为我们许多的企业产品定位、
市场定位都是伪定位，不擅长聚焦！

## 01 品类做减法，利润才能做加法

现代企业真正的“赢销力”，就是在现有的产品基础上，不须过多地投入就能迅速提升利润率，而不是靠很多产品堆砌起来的营业额和利润。

实际上，当企业发展到一定阶段，产品减少了，企业反而更容易取胜，因为专注做某一个项目、某一个品类、某一个产品的突破，资源可以集中利用，同时可以减少很多人为造成的复杂性以及它带来的成本增加。

这是企业做大做强的一个非常简单有效的方法。然而在现实中，越是简单的道理越是容易被忽视。

当年，河南的“亿元村”南街村是全国十大名村之一，南街村的方便面、南德调味料在当时已经是全国知名品牌。然而，当南街村成长为一家规模企业，成为一家集团公司后，开始不断地拓宽产业，涉足粮食深加工、休闲食品、调料、饮料、酒类、印刷、包装甚至工艺品雕刻等行业，最多的时候，南村街集团拥有28家公司，产品多达15大类、近200个品种。

希望通过产品的增加，创造更多的利润——这种设想是好的。然而，事与愿违的是，随着项目的增加、销量的增加，企业的总体盈利能力却没有改善。

究其原因就是南街村在资源有限的情况下做“加法”，导致资源分散。只有最初做食品和调味料的企业能盈利，其他的公司都长期不盈利，导致总盈利并没有增加。

最终，因为资源的分散，耽误了当时已经成为知名品牌的南街村方便面和南德调味料的发展，让它们失去了成为一线品牌的可能。

**这就是为什么很多的企业会感觉越做越难，因为我们的产品定位、市场定位、营销定位都是伪定位，不擅长聚焦。**

——于是，不断地将有限的资源分散使用，投入不熟悉的领域，没有专注在自己的优势项目上，结果使优势变劣势；

——结果是，投入到产品上的资源不比竞品（竞争对手的同类产品）少，付出的努力不比竞品少，流的汗不比竞品少，但业绩就是不如竞品好；

——更可惜的是，很多曾经有发展潜力的中小企业，实力不强、资源不多，产品一上市，就想开发全国市场甚至想冲出亚洲、走向世界，最后死在了扩张的路上。

**一个企业销量的大小、盈利的多少，与产品数量的多少没有直接关系。**不是说企业研发的产品越多，销量就越大、盈利就越多！相反，真正做大做强了的企业，在发展到一定阶段时都会砍掉一些产品，资源聚焦，实现单品的突破，培育核心的明星大产品。

**统一集团当初绝地反击、起死回生的经历是最好的例证，其战略选择是：**

从做多到做少，从做少到做精，砍掉338个SKU（产品库存量单位）的大部分，然后成功培育核心产品——老坛酸菜牛肉面。

将正在走量的产品淘汰、砍掉，说起来很容易，做起来很难。很多企业都犯这种错误：总觉得自己的哪个产品都不错，砍掉很可惜。手掌手背都是肉，经营很久了，认为哪个产品都有存在的价值。你让我把它砍掉，真舍不得。

统一方便面当初淘汰大批产品时，也是如此。虽说高层都认定了力推老坛酸菜牛肉面，但真要做整合、砍其他产品时，依然是阻力重重。

第一，来自业绩部门的阻力。这是最现实的因素，因为砍掉 2/3 的产品也就意味着将近 2/3 的业绩被砍掉，也意味着业务人员很难拿到奖金。收入下降，业务员离职率肯定会增加。

第二，来自经销商的阻力。原来有很多产品，经销商很容易合发一车货，产品砍掉了 2/3，经销商没办法整车发货，就会放弃统一产品的经销代理权，转做竞品的代理商。这必然会导致通路荒芜。

第三，来自事业本部的阻力。对事业本部而言，各个品牌像自己的小孩一样，不管这个小孩实际上怎么样，他认为自己的孩子是天下最好的，事业本部也不愿意自己研发的品牌被砍掉。

第四，来自生产部门的阻力。产品砍掉 2/3，开机率骤然下降，用工量减少，这必将导致很多生产工人下岗。工人们自然是怨声载道，且这么多工人下岗又涉及补偿费用等种种问题，生产部门压力很大，因而也是力阻。

虽然有种种阻力，但当时的现状是，统一的方便面虽然有 338 个 SKU，可其中销量最大的口味年销售额才 1.5 亿元，全部口味加起来还不如别人一个口味的销量大，不如别人一个单品的销量大；做全国市场，全国的总销量还没有康师傅两个省的销量大。

统一要想改变现状，唯有壮士断腕，掐死其他的 SKU，发展壮大一个口味，收缩战线，打造根据地，才能给企业注入生机；如果不砍掉多余的产品，统一必将面临倒闭的危险。

**鉴于这种情况，统一管理层力排众议，下定决心给产品、市场做减法。**

第一步，以省为单位，只保留市场销量前10名的产品；

第二步，专注做明星产品，主推老坛酸菜牛肉面：桶面“来一桶”和袋面“统一100”；

第三步，根据区域具有相对竞争优势、市场容量较大两大原则，确定G10（十大核心省公司）市场战略，在安徽、苏南、苏北、浙江、闽北、粤东、粤西、湖南、湖北、四川，打造“根据地”。

最终一举扭转了经营局面。2010 年，统一方便面销售额 35.6 亿元，2011 年销售额超过 50 亿元，2013 年达到 78 亿元，战略单品——老坛酸菜牛肉面的销量超过 50 亿元，跻身大陆方便面口味排行第二的宝座，改写了多年来的天王口味座次。

其间的细节，后文中会有更多的分享。

现在，说回我们企业经营的取舍之道上。我认为，企业就像一棵生态树，采购、生产、销售、仓储、物流、经销商是一个循环链，经营的产品越多，管控的难度就越大、占用的资金就越多、采购成本就越高、产品品质就越难保证、销售就越没有重点。这就像打仗一样，在兵力资源有限的情况下，战线拉得太长，战争胜利的概率就越低。

我们知道，中国的高速公路有一个最低限速 60 公里 / 小时的规定，这就屏蔽了时速达不到这一标准的拖拉机上高速的可能。而且规定要求大卡车不能占用超车道。如果拖拉机可以上高速，如果大卡车可以长时间占用超车道，即便你开着奔驰、宝马、奥迪、路虎，在路上也照样开不快。那样做的结果就是高速路变成了低速路，所有车的速度都变慢了。企业经营也是如此。如果明星产品被鸡肋产品拖了后腿，企业的发展速度自然会受到阻碍，这就需要我们把鸡肋产品淘汰掉，为明星产品让路，才能得到快速发展。

**因此，所谓聚焦战略，就是：**

一、企业在发展的某一个阶段，专注于一个领域，专注于一个品类，专注于一个品牌，甚至专注于一个单品，专注培养某几个骨干，通过形成合力来爆破点、影响面，到做深做透，实现以小搏大、以弱胜强，最终打造核心项目、明星产品；二、塑造知名品牌，建立强势根据地，打造一支战斗力、执行力、忠诚度较高的队伍；三、通过项目、品类、产品、队伍的优势，持续地提升销量，提升品牌，持久地盈利和发展。

这段内容看着很复杂，其实有一个主线，可以分解成两个动作。

**1. 做减法。**简单地说，就是砍掉“鸡肋”产品，放弃不适合自身发展的市场，收缩不必要的资源投入，把分散的资源集中，有的放矢地加以运用，避免资源分散使用。

有些企业的老板说，我的产品很好，在市场上很受欢迎，我要在全国各个市场上都能看到我的产品。这种想法很对，做企业有雄心壮志也很好，但是我们做市场要根据资源而定。什么叫市场？有人的地方就叫市场，有人就有消费。中国的河南、山东等一个省的人口，相当于欧洲几个国家的人口之和。娃哈哈在河南一个省的销售额一度超过40亿元，很多中小企业开发全国市场，一年销售额还不到1亿元。如果我们的人力是有限的，企业的资源也是有限的，最好先握紧拳头，倾力出击，才有制胜的可能。

**2. 集中资源攻关。**集中做一个项目、一个品类、一个单品、一块市场。就像太阳有亿万光能，但很少把人晒死，激光只有几瓦的光能，却可以把钻石穿孔。

有很多企业家在经营实践中明白这个道理，于是，他们带领这些卓越的企业，砍掉“鸡肋”产品，放弃不适合自身发展的市场，收缩不必要的资源投入，开始专注于一个领域，专注于一个品类，专注于一个品牌，甚至专注于一个单品。

比如，曾经包罗万象的万科，给企业做减法，将产品线聚焦到家庭住宅房地产上，市场聚焦在珠三角、长三角和京津地带，现如今已在房地产行业中争得一席之位。2012年，香飘飘奶茶实施了“剐肉”式的聚焦战略，年销售额达到了24亿元。

……

**有时候，品类做减法，利润才能做加法。**

一个企业能否持续健康发展，不在于有多少资金、多少产品、销售区域有多大，主要是看企业的资源是否在聚焦使用。好比种西瓜，西瓜开花的时候，一个藤上通常有七八朵花。一般的瓜农会让它自然长，但是有经验的瓜农，会掐掉其他的花，只留下一朵。这样让整根藤的营养都集中在这朵花上，最后才会结出又大又甜的大西瓜，还有可能成为当地的“瓜王”。

这就是聚焦的力量。道理很简单，就看大家怎么做了！

## 02
## 业绩倍增战略：聚焦，聚焦，再聚焦

同样的市场环境，同样的资源配置，经营同样的品类……有些企业能高速发展、持续盈利，有些企业却被销量长期徘徊不前甚至亏损问题所困扰。为什么？

因为，**企业和企业之间较量的，是一流产品，是特色产品。**前者找到了企业持续发展的“金钥匙”，建立了业绩倍增战略模式；后者却还在摸着石头过河，没有搞清楚自己的定位。

当年，同样来自台湾、名不见经传的康师傅和统一，一同开拓大陆市场，直到20世纪末，两家企业的方便面业务在大陆的销量差距还不大。康师傅第一，统一第二。

2000年后，康师傅一路狂飙，把统一远远甩在身后，到2008年年底康师傅方便面的销量近160亿元，稳坐行业第一品牌、第一销量的宝座；统一方便面却陷入成长的怪圈，销量一直在20亿元左右长期徘徊，甚至被一些本土地方性品牌如白象、今麦郎、斯美特等超越。

2008年统一孤注一掷，投入1.26亿元赞助奥运会，本想借奥运东风绝地反击。结果1.26亿砸下去，销量没有任何起色，反而把企业逼上垂死的边缘。

我们先分析当时的状况：两家差不多的企业，类似的市场环境和经营品类，为什么有这么大的差距？究其原因，主要是因为统一方便面没有核心大单品。康师傅出"面霸"桶面，统一出"来一桶"；康师傅出"经典美味"袋面，统一出"统一100"；康师傅出"福满多"，统一出"好劲道"；康师傅出"小虎队"，统一出"小浣熊"。表面看似乎是双龙对决，其实统一根本没有对决的资本。

因为康师傅10大方便面系列产品中有核心明星产品——红烧牛肉面，这一支单品在销售总量中的占比最高峰时超过56%，2008年销售额超过70亿元，红遍全国，在很长一段时间内消费者把方便面等同为康师傅红烧牛肉面。而当时的统一方便面的338个SKU中，销量最大的红烧牛肉口味当年只有1.5亿销售额，总量20亿元的销售额撒在全国市场，没有任何一个省份的市场销售额超过1亿元（康师傅销售额超过10亿元的省份就有近10个）。

在被逼到死角前，统一痛下决心，成功求得转型。

——找到了企业发展的"金钥匙"，聚焦、聚焦、再聚焦：从338个SKU到只保留10个销量最好的产品，从做全国市场到主攻G10市场，当年即取得了成效。

——启动了"业绩倍增战略模式"，打造企业的聚焦系统：将关乎企业生存发展的资源从分散到集中，进行整合，包括产品、市场和人力资源聚焦三部分。

**这里所谓的企业发展"金钥匙""业绩倍增战略模式"就是聚焦系统，它包含三大板块的内容：产品聚焦、市场聚焦、人力资源聚焦。**

**其一，产品聚焦，开发属于企业的独特产品符号。**

在企业发展的某一阶段把所有的资源倾斜到一支单品或一个品类上，在最短的周期内把某一支单品或某一个品类打造成明星产品，成为公司的符号。比如康师傅的红烧牛肉面，统一的老坛酸菜牛肉面。

**产品聚焦的精髓就是聚全公司人力、财力推广一个单品或一个品类。**

产品也需要“开小灶”，如果我们对所有的产品平均投入，其实是对产品的不公。好比父母生孩子养孩子，很多家庭总希望多生几个，特别在农村，有一种思想：养儿防老，孩子越多越好。结果就出现一个奇怪的现象：孩子越多，父母老了越没有人养，这叫“儿多不养娘”。孩子多的家庭，孩子上大学的概率相对比较低，因为父母的资源是有限的，都是父母的儿女，要公平对待，结果就制造了更大的不公平。据统计，独生子女考上大学的超过78%，因为父母能把时间、精力、爱和资源都给一个子女了。

**一个好产品，就要做出特点，做成消费者喜欢的精品，其聚焦战略动作可分解为：从做多到做少，从做少到做精，从做精到做特。**

当然，产品聚焦，并不是要求企业立刻把所有的产品都砍掉，只做一支单品或一个品类，而在于聚全公司人力、财力推广一支单品或一个品类，最终达到“一人（产品）得道，鸡犬升天”的效果。这样的一个成功单品就成了“带路产品”，它的推广成功，确立了企业在市场上的影响力和地位，随后再导入其他产品会容易很多。

**其二，市场聚焦，建立“样板根据地”。**

不少企业经营了很多年，没有市场沉淀，主要是“跑马圈地”式的开发方式，好比狗熊掰玉米——顾此失彼白忙活——前面开发，后面死亡。

**这违背了市场定位的聚焦原则。**

**所谓市场聚焦就是：**在企业发展的某一阶段，集中所有资源倾注到某一个省、某个地区（县甚至镇），或某一种渠道，在最短的周期内使产品占有率达到第一；建立标杆市场、标杆渠道，建立样板根据地，做到“我的市场我做主”。

**这时聚焦市场就要求：**企业在拓展市场时不要盼多求全，要集中资源先做热点或样板市场，把单一的市场或区域做深做透，直至成为该区域的领导品牌，再稳步地进行外围的市场扩张。简单的说，就好比打仗，先建立根据地，再进行市场扩张和根据地复制。要稳打稳扎、步步推进，真正地将地盘收归己用。若是全线作战、战线拉得太长，你就需要考虑：是否有足够的兵力？后勤供给是否能跟上？留下的人员能否有效地守住已经攻下的“城池”……

企业市场份额的大小是由渠道占有率决定的；产品是再生资源，渠道是不可再生的有限资源，竞品占有多一点，你就拥有少一点；“跑马圈地”式、“广种薄收”或者“打一枪换一个地方”的市场开拓方法永远推动不了企业的健康持续发展。**所以，我做企业培训，讲到市场开发时，我会告诉企业主：**

“跑马圈地”式的市场全面开发，造成的结果往往是产品在哪个市场都有一点销量，但在哪个市场都没有影响力，都建立不了消费忠诚。最后是哪个市场上你的产品说了都不算，竞品随时会把你挤出去。

**市场拓展的最好方式之一就是“避强击弱”，**具体的方法我将其比喻为“扎钉子”“建碉堡”——在强大竞品薄弱的市场，先扎下钉子（开拓市场），再建起碉堡（做好标杆市场），打下一个个小块“根据地”（样板市场）。

只要真正地集中资源，将市场做深做透之后，你的产品在这块“市场根据地”就会有影响力，就会有消费忠诚，就会有极强的竞品抗打击能力。先解决生存问题，等一个个小块根据地连起来后，发展问题就会迎刃而解。

**其三，人力资源聚焦，打造高绩效团队。**

**在企业经营要素中，企业有好产品、好市场，但是没有好队伍，照样**

**没有用。**

同一个行业，不同的企业，研发同样的产品，在同一个区域市场竞争，经营结果迥异。究其根源，很可能就在于人的区别：可能领导人不一样、团队不一样、业务员的能力不一样，队伍的执行力、忠诚度、战斗力就不一样，所以经营结果也不一样！

**打造高绩效的团队，也是企业业绩倍增战略中聚焦系统的重要一环，它包括 8 方面的内容：**老板的修炼、核心高管的吸引、中层的选拔、基层老 A 的培养、忠诚度的打造、执行力的打造、战斗力的打造以及团队文化的建设。

所谓，龙生九子，各有不同。企业的高绩效团队，最重要的成员是领袖式的老板、核心高管和基层老 A（金牌业务）。

管理者要将目光聚焦在重要人员身上，把 50% 的时间给优秀者，把 25% 的时间给新人，把 15% 的时间给正在努力但还没有结果的人，最后花 10% 的时间来管理那些落后者。通过优秀的人才带动落后者，如果落后者依然跟不上来，那就只能遭到淘汰。在资源方面，同样要向优秀人才倾斜。

许多老板为什么做得很辛苦？许多公司为什么总是长不大？因为企业的人力资源问题没有解决好。企业想做大做强，取决于中层，也就是业务经理、业务总监这个层面的管理者。老板不可能什么事情都自己撸胳膊卷袖子上，你需要很多左膀右臂，你的左膀右臂发展的速度决定了你的事业前进的速度。

**带队伍，一定要开小灶，要专门去培养几个骨干。**

我常说，想要得到什么样的结果，就要围绕这个结果找什么样的方法。想要赚 1000 万元，那么，你要用什么样的方法去赚，你要先把这个事情想明白。企业想要实现业绩持续倍增，用什么样的方法持续倍增，你也要先把这个事情想明白。如果你都不知道有什么样的方法，或者什么时候做，那么你付出多少努力都是无用的！

作为一个有“野心”的企业，想要做大做强，成为行业老大，有效的方法就是：**聚焦、聚焦、再聚焦。这个战略聚焦系统的三大核心任务就是：聚焦产品，开发独特的产品符号；聚焦市场，建立“样板根据地”；聚焦人力资源，打造高绩效团队。**

任何理论的正确与否，检验的标准只能是企业实践中的运用成果。后面，我会与大家分享一个真实案例，看 10 年前，借助这样一套业绩倍增的聚焦战略，一家面临增长瓶颈的民营集体企业，如何用 7 年时间将销售额从 3.4 亿元做到 20.36 亿元，其行业排名从省十强升至全国前五的。

## 03 从3亿到20亿——不是神话，是方法

企业发展到一定阶段，可能都曾不同程度地遭遇过类似的困境：

——产品很多却没有一个卖火的，投入增加但产出不断降低。

——货铺出去不动销，开发新市场，前面开发后面死亡。

——人才招不来，招来留不住，留住没有战斗力、没有忠诚度。

十多年前，我接手斯美特食品公司时，作为河南省的一家民营集体企业，其主营业务是方便面食品，它经过之前12年的发展，已经在河南省面业十强企业中销售额排到第八位。然而面对激烈的竞争，在2003年，斯美特出现了增长瓶颈：

——开发了很多新产品，堆满仓库，就是没有一个卖火的；

——新市场不断增加，营销人员不断增加，可是市场仍旧没有起色；

——广告费投入了1000万元，销售业绩不见增长，人员流失率也居高不下。

相对国内和省内名列前茅的品牌，斯美特一年3.4亿元的销售额，

只相当于康师傅的1/23，白象的1/6。如何在强大竞品的挤压下生存？如何突破销量增长瓶颈？如何持续盈利？这些成了摆在斯美特人面前的难题。

当时，我们经过调研发现，斯美特8大系列74个规格的产品中，零售1元的产品只占8%的比例，产品多为零售几毛钱的低端产品，而且定位杂乱，没有主销产品。这70多个产品一年不到4个多亿的销售额撒在全国市场，最远销到云南、新疆、黑龙江，没有一个省的销售额超过1亿元。这导致斯美特在任何一个省份都没有话语权，没有品牌知名度，甚至连河南本省的人都不知道斯美特是做什么产品的企业。

鉴于这种情况，当时，公司管理层确定采用聚焦战略，**就是由“五指单个作战”改为“五指并拢出拳”，实现产品聚焦、市场聚焦、人员聚焦的有效资源整合。**

**1. 进行产品聚焦，实现单品突破，而后打造产品家族合力。**

要实现产品聚焦，首先需要确定企业主推的系列或规格。产品系列和规格并不是越多越好，系列和规格多了自然会分摊企业的营销资源，削弱企业的整体竞争力。这就需要进行合理的产品线规划，明确企业的主推系列、主打规格，把有限的营销资源全部集中在该系列或规格上，实现单品突破，通过单品的营销运作来塑造品牌。

单品突破是在竞争中突围崛起的最佳捷径！在明确了主打的系列和规格后，还需要明确提炼该系列或规格的产品利益点，进行集中地聚焦诉求和传播。要知道，产品优点太多就没有优点了，聚焦诉求一定是消费者最关心而竞争对手不具备或未关注的单一优点。

同时，确定的聚焦产品必须符合以下两个特点：类属朝阳产品，毛利比较高。

根据以上思路，在巨大的生存压力和发展压力下，斯美特对产品结构进行了大力度的调整：

——主推“思圆”系列，把所有的资源向“思圆”倾斜。

——当时这个品类的产品只有一个规格——50×110克大思圆，也只在陕西、山西个别市场销售，毛利极低，不能大面积推广。于是公司决定推出“金装思圆”，主打零售1元的中价方便面市场。

——确定的卖点是“圆面块、圆面条——方便”，2003年大陆市场上袋装方便面全是方面块，斯美特结合设备企业对设备进行研发改造，推出圆面块袋面。

这样，经过两年的推广，“思圆”最高月销量达200万箱，实现了单品的突破；随后又推出“精品思圆”系列，抢占零售价0.8元的平价面市场，经过3年的推广，成为中国方便面市场的平价面之王；之后为抵御强大竞品的冲击，又陆续推出“精装思圆”“珍品思圆”侧翼保护“金装思圆”，形成了牢不可破的思圆中价面产品群；2006年推出“御品思圆”，主攻高价面市场。

由此，形成了0.8元、1元、1.5元到2元的“思圆军团”，彻底改变了斯美特的盈利状况，改变了斯美特的产品结构，改变了斯美特没有品牌产品的历史。

**斯美特完成了产品聚焦的完整战略路径：单品突破→产品群丰富→产品结构建设→产品更新和换代。**

**2. 进行市场聚焦，将有限的资源投入到区域市场。**

要进行市场聚焦，首先要明确企业的目标市场：是针对一线中心城市市场，还是针对三四线的县、乡镇市场？其次，进行合理的市场布局和规划，明确市场开发的节奏、速度和计划；第三，确定当前主打的样板市场，把企业的现有营销资源都集中于此，寻求强力突破，把该市场建设为企业的根据地，成为当地的领导品牌。

2003年之前的斯美特，在任何省份都没有话语权。针对这种情况，我们决定做战略调整：

——依据多年的销售情况，做全国市场分类。把河南、山西、陕西、湖南四省规划为一类省份；吉林、湖北等规划为二类省份；距生产基地1500公里的省份规划为三类省份；

——把生产基地周边市场设为特区；超出1500公里的市场主动放弃。

——在一类省内部又分为一类地区、一类县城等，主攻营销费用较低的县、乡镇市场。

经过这样的市场布局调整，我们集中资源在特定市场区域顽强地打阵地战，积小胜为大胜。经过7年奋战，到2010年，年销量超过3亿元以上的省有2个，2亿元的省有2个，1亿元的省有4个。在仅有368万人口的陕西榆林市，创造了年销售额8200万元的纪录，一度超越康师傅，成为当地第一品牌、第一销量产品。

**这样，斯美特在某些市场区域做到了“我的地盘我做主”，在强大的竞品面前，创造了落后战胜先进、弱小战胜强大的奇迹。**

**3. 进行人力资源聚焦，打造凝聚力、执行力、战斗力很强的队伍。**

2003年的斯美特面临的问题是，如何塑造英雄式领导，培养一批老A，用二流的团队打造一流的执行力？

要解决这些问题，首要的是改变营销团队单打独斗式的个人英雄主义，实现整个营销团队有组织、有计划的聚焦管理，把精兵强将放到重点市场、战略性市场；其次，明确每个营销人员的工作职责和目标，各部门之间配合的工作流程；第三，要有制度可规范，有绩效可考核，有薪酬可激励，有培训可使团队成长。

领导的问题解决不了，队伍的问题就解决不了，一个有前途的团队首先要确定核心骨干人物。

为此，斯美特在团队培养上倾注了大量的心血：

——确定不同部门的业务骨干。有计划地“移形换位”“折腾”骨干，提升他们的操作能力。由过去的单兵作战向团队协作、培养骨干转变。

——优化考核体系。整个营销系统从上到下所有人员的工资级别、奖金都和明星产品推广、市场根据地建设、骨干培养挂钩。由过去的只要综合销量向有利润销量转变；由过去的考核市场数量向考核市场质量转变。

——确立业绩最大的考核导向。同样的资源配置下，谁能推广更多的明星产品，谁能建设更多的热点市场，谁能培养更多的骨干，谁就能挣高工资，谁就能优先升职。

**斯美特的这一套阳光升迁机制和末位淘汰机制，在人力资源聚焦战略过程中取得了成效。**

“第一个五年”，就培养了 9 位总监、60 多位能打硬仗的经理，淘汰了 390 多名营销人员。而这些总监、经理，根据各自的特点和能力被放在不同区域带团队，实现了业绩突破。

通过产品、市场、人力资源的三个聚焦大动作，斯美特公司成就了“思圆”这一明星产品，在多个省份建立了优势“根据地”，打造了一流的队伍，迅速成为行业内的一匹“黑马”，最终成果是：

“思圆”系列产品销售额由 2003 年占企业年销售额的 8%提升到 2010 年的 84%，年销售额由 3200 万元提升到 18.12 亿元。

这些数字的变化标志着——斯美特从无品牌企业阶段过渡到了“思圆”品牌企业阶段。

可以说，“思圆”产品家族的成功构建，是斯美特成功的内因；市场聚焦，将有限的企业资源投放到区域市场，则是斯美特产品系列能快速打开知名度的外因；加上一支从领导到骨干都具备战斗力的营销队伍，在激烈的市场竞争中，这一个民营的集体企业就得到了稳健的发展。

这种结果，不是偶然的，也不是靠运气，而是斯美特聚焦战略和战术合理运用的结果。

# 2

# 竞品胜出之道①：重塑老产品

CHAPTER

企业经营的本质在于“争夺顾客”。

老产品里挑黄金，其要诀是“卖 1 个比卖 10 个好”。

因为资源更集中，营销更专注，要解决的问题也会更简单。

## 01
## 卖 1 个比卖 10 个好

现代企业经营的本质在于“争夺顾客”，“满足需求”模式已经成为过去，“胜出竞争”才是常态——也就是一个产品如何进入顾客心智以赢得选择的问题。

这时，**成功企业靠的不是很多产品堆砌起来的营业额和利润，而是真正的拳头产品——“产品少者胜”的论断受到概率统计的支持：**

在大型的工业系统里面，多数综合型企业是产业链相关的什么产品都做，平均下来有380个SKU，却往往打不过平均只做18种产品的专业型企业。

在消费类的电器和小电器行业，成功的企业平均下来有141种产品，而不算成功的企业平均有176种产品，两者之间的种类差别是19.9%。这个数据在电脑和通讯设备领域，竞争胜出者的是46种，落后一方的是76种，两者相差了39.5%。

在工业电子和测量技术领域，做得精的企业产品数为400多种，做得不精的企业则高达1300多种，两者之间的差别是69.2%。

而大家最熟悉的例证莫过于诺基亚和苹果公司的对比。同样做手机，拥有17个系列400多个产品的诺基亚，仅智能机就有3个系列40多个产品，却面临破产被收购的结局，而只做一个系列目前共有10个产品（到最新一代的iphone6和iphone6 plus）的苹果手机，其市场热度大家有目共睹。

如果我们随便到一个大卖场去问问店员，众多的产品中到底哪个卖得好？一般也就只是几种。比如大型生活超市里的饮料可能有几十个品种，但真正卖得好的也就是两三种。

在企业参与市场竞争的过程中，产品就是“武器”，但不是越多就越厉害、战斗力就越强，也不是企业现阶段所有的产品都是“有效武器”，投放到市场上都能给企业带来销量和利润，带来品牌影响力，推动企业发展。

武侠小说中夸耀一个人会说某个人武功高强、十八般武艺样样精通。真有这样的高手吗？闭上眼睛回顾几千年的历史，你会发现，真正厉害的武将都有自己的招牌兵器——关羽用大刀、张飞用丈八蛇矛、赵云用枪、秦琼用锏、尉迟恭用鞭……如果关羽上阵打仗一分钟换一件武器，他就不可能流芳百世。

不是所有产品对企业发展都具备推动力。有些产品可能一上市就销得多亏得多；有些产品可能一出现就是“瘦狗”；有些产品形同鸡肋，“食之无味，弃之可惜”；有些产品具备明星产品的潜质，却人为地被否定、被埋没、被划归“瘦狗”或者“问题”产品、被打入冷宫。

而今天，我们的企业所面临的关键问题是：明白聚焦的重要性、希望打造明星产品，可没有产品精准聚焦的方法或者工具，很可能抱着“金饭碗”讨饭——忽视具备成为明星产品的老产品，却投入大量的人力、物力、精力、金钱去研发新产品，投入越来越多，效果却并不理想。

**一个已经发展起来却碰到发展瓶颈的企业，在产品聚焦战略上最有效**

**的实践方法就是：从现有的众多老产品中挑出“黄金”来！**

我们前文讲过统一企业利用聚焦战略绝处逢生的成功案例，那么现在可以具体分析一下，看它是如何确定聚焦产品——“老坛酸菜牛肉面”这支单品的！

作为台湾地区的食品龙头企业，统一从2000年开始在大陆的发展遭遇瓶颈，整体销售规模一直在20亿元左右徘徊，甚至很多年都是负增长，利润更是惨不忍睹，连年亏损，直至2008年赞助奥运的营销举措也是“叫好不叫座”，并没有收到预期的效果，反而使得利润雪上加霜。统一方便面几乎走到了垂死的边缘……

**要产品有产品，要人力有人力，要资金有资金，可是为什么会走到这一步？问题究竟出现在哪儿？**

经过调研分析，在统一冲泡面338个SKU中，毛利率超过27％的产品只占32％。在方便面这个品类里，保证27％的毛利率基本上就是企业生存的平衡点。而在统一方便面产品销量中占比很大的“好劲道”方便面毛利率仅有4％。这也就是说，统一有将近2/3的产品不赚钱，甚至部分产品生产出来就开始赔钱，卖得越多，亏得越多！

人都说多子多孙好，但若子孙全是“一群虫”，还真不如人家虽九代单传但是“一条龙”的好。统一企业那么多产品就如同一个家族有许许多多的子孙，却没有一个“成龙”的。这种现象羁绊了统一。

怎么办？痛定思痛，统一开始实行“凤凰计划”——涅槃，希望在大限将至的时候，通过一种近乎自我毁灭的方式，在痛苦中重生，达到更美好的升华。这个涅槃的方法就是——聚焦，聚焦，再聚焦。

**可是，聚焦什么产品呢？怎么确定哪个产品能做成明星产品？**

民以食为天，食以味为先。作为一个传统的食品行业，方便面最重要的、最能进入消费者心智的其实就是口味，而统一恰恰缺少大口味！没有大口味，消费者心智中就会对产品缺乏深刻的印象；没有销量，就没有品牌，渠道也会对产品缺乏信心，有可能货就卖到过期；大量的换货和退货，使营销人员的精力分散在处理业绩不佳的产品上，不能渗透到更深更广的渠道，结果进一步导致企业亏损。

**培养一个大口味是统一的当务之急！面临这种现状，也就意味着必须壮士断腕，放弃那些没有未来的产品。可是，究竟应聚焦在什么口味上呢？**

当时，统一方便面的口味非常分散，主要有三大口味：老坛酸菜、红油爆椒和红烧牛肉。其销量，每种口味差不多都占到了总口味的10%，到底选哪一个好呢？我们进一步分析：

**1.就方便面市场来说，牛肉味是一个最大的口味，**销量基本上占总口味的60%；海鲜和鸡肉等口味也不错，但不是一个长久的口味，刚推出来时，消费者尝个鲜，一时间销售冲到第一，但马上又降下来了。经过前18年的竞争，方便面已经是一个成熟的市场，最大的一块口味注定还是牛肉口味。

**所以，从大背景看，统一必须切入最大的市场：牛肉味。**

**2.从辣度上区分，总体是不辣的居多。**不辣的占六成，辣的占四成。但是有一个问题，不辣口味的第一就是康师傅红烧牛肉味，占据了70%~80%的口味市场，统一曾6次攻击康师傅红烧牛肉，基本上是屡战屡败，屡败屡战，如果再次聚焦在这个口味上是不可能成功的。

**因此，口味上区分的话，统一决定以差异化的诉求来避其锋芒，在辣口味的牛肉市场找到一个王者产品。**

**3.初步锁定老坛酸菜口味，其特点非常明显，酸爽、可口、开胃，有别于市场上当时比较主流的红油爆椒这种“油辣”的产品，有利于满足差异化诉求。**

酸菜是川菜中的著名菜肴，是典型的地方特色口味。当时做“老坛酸菜”也是顺应了那些年川菜席卷全国的浪潮和趋势。许多人不是吃辣不习惯，而是不吃辣不习惯，有人断言：中国八大菜系，以后就剩下一种菜系，就是川菜。酸菜这个传统产品，可以趁这个川菜的浪潮顺势而为。

**而且，从过去的销售情况看，老坛酸菜亦是最有王者之相的产品：**2003年在西南地区率先上市，一炮打响，上市第一年，月销售额就达到近1000万元！2006年在华中地区上市，成绩斐然，此后业绩持续环比增长，10个月内达到了500万元！

**出于以上几方面的考虑，统一将聚焦的目光投向了“老坛酸菜”。**

战略上确定了“老坛酸菜”这一口味以后，还要聚焦一个战略大品牌。这个品牌不仅仅能使业绩得到提升，更重要的是能将利润扭亏为盈。

**在选择战略品牌时，基于以下几个方面的考虑：**

◇大陆方便面整体市场成长趋缓，但结构性增长显著，尤其是容器面。而统一的容器面主要是“来一桶”品牌。

◇原物料价格高涨，平价面和低价面越来越不赚钱，高毛利产品是必然的选择。“来一桶”作为容器面，毛利水平最优。

◇业绩占比上来看，“来一桶”占比亦最高，2008年占比达31%。品牌知名度上，“来一桶”在消费者中亦有较好的口碑。

综合以上因素，统一决定以“来一桶”作为主要战略品牌；同时，辅以“统一100”作为袋面品牌；而“巧面馆”则作为区域优势品牌，实行大品牌战略。

上下统一认识以后，统一的“来一桶老坛酸菜牛肉面”闪亮登场——目的只有一个，就是在康师傅红烧牛肉面的红色海洋上，掀起一阵紫色风暴。

果然，这支从老产品中挑出来的单品没有让人失望。3年时间，其年销售额翻了20倍，跻身大陆方便面口味排行榜第二大口味，改写了多年来的口味排行座次。

一支单品挽救了一个企业，改变了行业竞争格局。可见老产品里也有黄金，关键要看我们是否独具慧眼，能挑选出最适合的产品作为主打产品。

分析成功案例后，大家对产品聚焦的重塑老产品有了直观的认识后，我们进一步做分解，有五大方法可让我们更精准地锁定这类老产品：利润优选、特点确定、趋势分析、品类空间确定法和成长周期评判。

## 02 瘦狗 VS 现金牛（利润优选）

经营企业，首要目标是依法赚取合理的利润，终极目标是承担社会责任。

所谓承担社会责任可以从三个方面来考量：一是依法上缴税收，促进经济发展、推动社会进步；二是安排就业，提高就业率；三是让家人、员工以及和企业相关的更多人生活得更加幸福。这一切的前提依然是持续赚取合理的利润。

企业在经营产品的过程中，对产品毛利的管控尤为重要。无论生产经营哪类产品，一定要搞清楚基本毛利点。高毛利产品销量越大，利润越可观。也就是说：**应该挑选的聚焦产品，一方面要是你所生产经营的老产品中那些高于平均毛利的，另一方面是这个利润率越高越好。**

这非常关键。以饮料企业为例，这个行业的多数公司，日常生产中的设备、土地、厂房折旧费，生产成本，财务费用，管理费用，税费等相加，可能就超过产品定价的 20%；加上后期正常的促销活动费用，（一般饮料企业的促销费用在售价的 10% 左右）就意味着新产品上市毛利低于 30% 就很难盈利。这还没有考虑年度的订货费用以及不可控费用：损耗、滞销品处理等。所以，饮料类产品在老产品中挑未来的明星产品，最基本的毛利要高于 35%。

我们发现，很多企业产品上市时微利，销售红红火火，但到年底一结算——亏损。通常来说，企业在正常的经营过程中通常会走入三个常识性误区。

第一个误区：大量的资金、人力投入到成熟期产品的推广上。

成熟期产品本身的特点是：高市场占有率、低毛利、低成长率。其市场占有率达到临界点后，投入和回报成反比关系。

这类产品属于高投入低回报的类型，和企业经营的首要目标“赚取利润”背道而驰。固定资产的投入、人员的投入、税收都是有定数的，毛利高低决定产品是否给企业带来相应利润。

如果你不能确定产品最基本的利润，就不要轻易去做投资；在选择重点推广产品上，也一定要有利润率高压线，即利润率低于多少的产品就不允许上市推广。

第二个误区：营销以满足需求为导向，不是以引导需求为导向。

很多企业推广产品时实行民主政策：营销人员愿意推广什么产品就研发什么产品。营销人员往往以满足消费为目的。——消费者总是喜欢产品质量再好一点、价格再低一点、包装再漂亮一点、促销力度再大一点……

最终指向的结果是：企业利润空间没了，只是赔钱赚吆喝。

消费者是“贪婪”的，总希望得到物美价廉的产品，而符合企业追求合理利润原则的产品，实质上只能是“物有所值”而非“物超所值”（物超所值只存在于宣传与广告中）。

企业营销，以满足需求为导向时，赚的是现在的钱；以引导需求为导向时，赚的是未来的钱。诺基亚满足了消费者现实的打电话需求，未来没有了；苹果智能手机引导消费，拥有了现在，也赢得了未来。企业需要做的是把物有所值的产品引导或者强迫营销人员推销给消费者。

**第三个误区：认为毛利高低无所谓，重要的是现金流。**

做企业就像滚雪球，雪球越滚越大企业才能发展。推广不赚钱的产品，雪球就越滚越小，最终必然造成现金流枯竭而亡。在企业发展的特定时期为了保证开机率，保证现金流，在特定产品上允许亏损经营，但绝不是可以长期这样经营。

**综上所叙，我们选择聚焦的老产品，首先要重点关注高毛利的产品，且是当前没有销量而被冷落的产品。**

这样的产品有着极强的挖掘价值。以食品、饮料为例，经过调查，我们发现：

◇**毛利率在 20% ~ 30% 之间的产品，基本上就是跑量的“带路”产品，**主要使命是分摊费用、拉动产能，**它往往也是品牌产品。**这类产品通路利润透明度非常高，作为厂家的单品想多赚却很难操控，但作为品牌产品，往往其销量巨大，通过规模销量也能赚取利润，并且还能够带动其他产品的销量。如康师傅矿物质水等。

◇**毛利率在 30% ~ 35% 之间的产品，一般都是核心产品。**这类产品销量和利润都能兼顾，可以作为长线去发展。如康师傅红烧牛肉面、养元六个核桃、红牛等。

◇**毛利率在 35% 以上的产品，通常可以叫利润产品，是未来的核心产品。**像养元的至尊至圣、白象的大骨面、统一的满汉大餐、昆仑山的水等，都属于此类。

因此，毛利高低和产品使命的关系如下表所示：

| 产品毛利率 | 产品使命 | 备注 |
|---|---|---|
| <30% | 跑量，分摊费用、拉动产能、带路产品 | 品牌产品 |
| 30% ~ 35% | 核心产品，销量和利润兼顾 | 长线产品 |
| > 35% | 利润产品 | 未来的核心产品 |

掌握了以上信息，我们就可以**使用利润优选法，从老产品中"挑黄金"**。**依据 SWOT 波士顿矩阵分析法，企业产品可以分为：**

"问号产品（？）""明星产品（★）""现金牛产品（¥）""瘦狗产品（×）"。

**波士顿矩阵图**

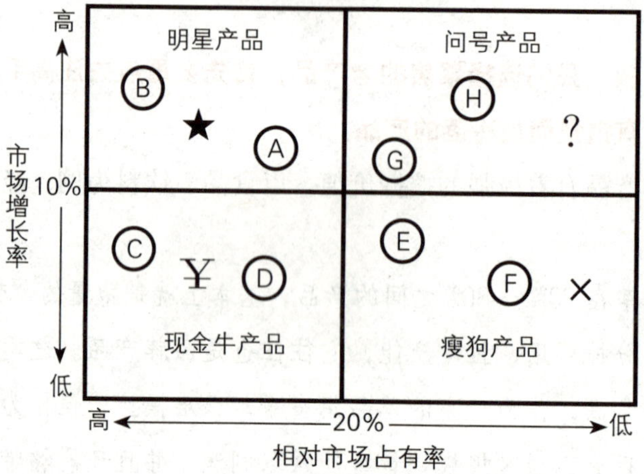


**备注：**以纵轴表示市场增长率，横轴表示市场占有率，各以 10% 和 20% 作为区分高、低的中点，坐标图划分为四个象限——**"问号产品（？）""明星产品（★）""现金牛产品（¥）""瘦狗产品（×）"**。

◇所谓明星产品，是指高增长率、高市场占有率的产品，这类产品可能成为企业的现金牛产品，需要加大投资以支持其迅速发展。

◇所谓现金牛产品，又称高毛利产品。是指处于低增长率、高市场占有率的产品，已进入成熟期。

◇所谓问号产品也称之为问题产品。是指具有高毛利，处于高增长率、低市场占有率的产品。前者说明市场机会大，前景好，而后者则说明在市场营销上存在问题。

◇所谓瘦狗产品，也称衰退类产品。它是处在低增长率、低市场占有率的产品。

**运用波士顿矩阵分析法，我们的目的是从老产品中挑黄金：**从问题产品中选出一支高毛利、具备明星相的产品，增加资金投入和改良力度，增强公司的导向作用，运用行政的力量调动所有营销人员推广确定的产品，争取让问题产品变明星产品。

**其关键点是找到高毛利产品。**因而，你不妨列出你从事的行业平均毛利率，然后列出企业所有规格的产品，再按毛利率高低排序，看看哪些产品最有成为明星产品的潜质。

**此外，在确定利润率的时候，我提醒做决策的老板们一点，那就是一定要参考理性的数据。**

我曾经遇到过一位商贸公司的老板，他说："我从来不代理饮料食品，因为毛利太低了，我只做白酒。"但是他经营酒并没有赚到多少钱。为什么？因为经营酒毛利高，给人的感觉很赚钱，但是究竟赚不赚钱要满足三个条件：第一，销量足够大；第二，单品毛利足够高；第三，资金的周转率快。

以经营酒和饮料举例，经营酒的资金周转率和经营饮料的资金周转率哪个快？肯定是饮料。用 100 万元做酒的生意，可能需要一个月的资金周转期；而用来做饮料呢，一个月内资金有可能周转 4 次。也就是说，同样的投入，你做酒的生意只能赚 1 次钱，因为你的资金周转仅 1 次，而经营饮料，你就有可能赚 4 次钱，因为你的资金周转了 4 次。虽然从单品来说，酒的利润高于饮料，但因其资金周转慢所获利润并不如经营饮料高，虽然他代理的白酒毛利超过 50%，可问题是销量上不去，产品库存很多，导致许多流动资金变固定资产，"活钱变成死钱"。所以，从投资回报率上分析，他代理白酒还不如代理食品饮料。

**无论投资什么，只有资本周转得越快，你才能越赚钱。**

## 03 有卖点才好卖（特点确认）

在信息爆炸的时代，所有信息都趋于符号化。——消费者也会自动对产品信息进行过滤、分类，并排序、储存。

**因此，消费者心目中会有一个“购物菜单”。**

首先他们只会记住一个品类中的前三名，最不容易忘记的是“第一”和“唯一”。**这就是消费法则。**

如果该产品，同时是“第一”又是“唯一”，消费者就会形成习惯消费。**这就是消费信仰。**

在企业与企业竞争的过程中，你要么做第一，要么做唯一。否则，日子都不会太好过。**这就是企业竞争法则。**

虽然不是任何企业的产品都有机会成为第一，但所有企业都可以把自己的产品做成唯一：让自己的产品有特点，区别于其他同类产品。唯有这样企业才有可能让自己的产品走进消费者心智中的“购物菜单”，在完全开放、开架销售的环境中“走”进消费者的购物篮。

**所谓"第一"就是第一品牌。**其重点在于，这个"第一"是区域第一，还是全国第一，是销量第一，还是知名度、影响力第一。

**所谓"唯一"就是特点。**其关键在于，这个"特点"是产品特点、核心技术、工艺标准或者商业模式。

**最终能长期占据行业第一的，往往是产品具有唯一性特点的企业。**

享受驾乘乐趣买什么车？宝马！

注重安全买什么车？沃尔沃！

为什么是宝马，是沃尔沃？难道其他品牌就没有驾乘乐趣、没有安全性吗？其实，都有！只不过宝马主推的卖点就是驾乘的乐趣，沃尔沃主推的卖点就是安全。

去头屑买什么洗发水？海飞丝！

其实，消费者很明白，不管什么品牌的洗发水都有去头屑功能。

同样的道理，消费者心智中的消费选择有自己的确定模式——想吃红烧牛肉面，买康师傅；想吃老坛酸菜牛肉面，买统一。事实上，国内所有方便面企业都在生产这两种口味的产品。我们列举的品牌，无一例外是凭借产品特点在激烈的竞争中脱颖而出。

**准备从老产品中挑出想实施聚焦战略的产品，一定要弄清两个问题：**

——所选择的产品是否有独一无二的卖点？

——所选择的产品能否让消费者在众多同类产品中记住？

2013年成都糖酒会上，有几百家酒厂参与产品展示和招商，仅贵州茅台镇的酒厂就有几十家。

我就同一个问题问了不同的厂家：你们的酒有什么特点？

大多数厂家的营销人员解说词都是一样的：我们的产品是茅台镇的，

我们的产品是酱香型。结果一天下来，我一个品牌名称也没有记住。

唯有一家茅台镇酒企业的营销人员说：我们的产品是新酱酒。

这就是特点。其他企业都在模仿和跟随茅台（茅台吃肉他们啃骨头，其实是在给茅台抬轿），唯有这家做新酱酒的企业，就凭这样一个“特点”成就了茅台镇第二大酒厂。

任何产品如果不具备独一无二的特点，想让人记住，就非常难。这与我们大家记人是一个道理。为什么有的人一眼就能让人记住？因为他有着与众不同之处。产品也是如此，要想让你所生产经营的产品从众多的产品中脱颖而出，必须有它的独特之处。而这个独特之处，会给人留下深刻的印象。当消费者想要购买某种产品时，那种独特的、给人最深刻印象的产品往往就成了他的第一选择。

问题是我们用什么标准去判断老产品中哪个产品是“有特点”的？**产品“特点”主要来自四大方面：**

**1. 原料或者功能唯一性带来的特点。**

2008年前中国的植物蛋白饮料中，以杏仁露起家的露露无疑是第一品牌。它几乎是一座无法逾越的高山。而同样是做植物蛋白饮料的养元，则从核桃露上寻找到了突破口——刚上市就独树一帜，打出了“经常用脑，多喝六个核桃”的品牌诉求。

这个就是产品原料和功能上的独特诉求点，在当时的饮料市场上可谓是令人耳目一新，第一时间在消费者的心目中留下了深刻印象。——核桃补脑，消费者自然产生联想，六个核桃也补脑。只要是喝饮料想补补脑，就会选择养元的“六个核桃”。因此，养元六个核桃一经推出，便缔造了“飞”一般的销售传奇，2013年达到90亿元的销售额。

**2. 核心技术带来的特点。**

这个很好理解，核心技术能在某一段时间内形成技术壁垒，带来销售领先。例如特斯拉电动汽车，苹果能打败诺基亚，靠的就是核心技术。

美的电磁炉为了在终端销售统一口径，在终端统一推广两句话，而这两句话包含了美的最核心技术的两大卖点：文武火和500倍逐频技术。

——美的文武火电磁炉最省电；

——拥有500倍逐频技术的电磁炉才是真正的文武火电磁炉。

这两大卖点是其他品牌没有的，拥有了这两项技术，美的就给其他品牌设定了行业门槛。

**3. 包装的标准色带来的特点。**

所谓标准色是消费者见到某一种颜色就会联想到某一个产品，标准色一般是恒久不变的。那些成功的品牌告诉我们，有特点的产品一定要有标准色，成就一种符号化的特点。例如雪碧的绿色、百事可乐的蓝色、加多宝的红色、脑白金外包装蓝色标准风格，还有红牛的金色、黑卡的黑色、洋河大曲的蓝色等。

**4. 产品的形状带来的特点。**

某机构做过一个有趣的盲测，把不同品牌的碳酸饮料倒在杯子里让消费者品尝，消费者完全分辨不出哪一个是可口可乐，哪一个是百事可乐，但装在瓶子里消费者一眼就能认出来。因为可口可乐和百事可乐的瓶型，本身就是有特点的记忆符号。

产品的形状也可以作为卖点，相同的产品装在独特的容器中就可以卖个好价钱，这就是产品形状的魅力，例如甲壳虫汽车、宝马MINI、奔驰SMART、瓶装和其正、酒鬼酒、茅台、洋河、劲酒、娃哈哈纯净水等。

我们在老产品中选择特色产品时，还得区分产品的特点是真特色还是伪特色。

**伪特色产品有几个显著的特征：**

**1. 产品卖点和产品本身产生不了联想。**

例如某白酒的广告语：中国性格，××粮液。中国是什么性格和××酒又有什么联系？让人很难想到，让人觉得莫名其妙！

后来，该厂家又将广告语改为“分享××，共赢天下”，更加让人莫名其妙！所以，一个建厂快 50 年的老酒厂，到现在也始终只能在年产值 10 亿元以下的规模徘徊。

**2. 伪卖点。**

卖点很好，但和产品本身没有任何关系，就好比拖拉机前面挂宝马标志，它变不成宝马，依然是拖拉机。

例如，某植物蛋白饮料生产的儿童核桃乳，内容物全是花生酱和核桃香精兑水调配而成，20 罐装的产品，售价 18 元。我们知道市场上仅仅一斤核桃的零售价就超过 20 元。结果它的包装上打着广告语：孩子智慧的选择、聪明的选择。智慧的人会选择这样的产品吗？一推算就知道是伪劣产品。

**3. 抄袭一线品牌卖点。**

例如，王老吉的成功惹得国人眼热，“怕上火，喝王老吉”这样短短的一句广告语，把它所要说的“王老吉是预防上火的饮料”表达出来了。许多厂家也紧跟其后推出一系列产品，他们的产品诉求也放在去火上，比如说什么“解渴降降火，降火新选择”。其实都没有自己的特点，一看就是模仿王老吉，做跟随者。结果怎么样？都没有做成功。

**4. 品质不支撑卖点。**

产品卖点提炼得非常好，可是产品质量不稳定，这种产品市场推广的风险非常大。例如某品牌的抽油烟机，推出的卖点为“免拆洗”——非常好的卖点，很是吸引怕麻烦的顾客。但在实际使用过程中，消费者每过一段时间还是得将过滤网等部件拆下清洗。这就是典型的产品本身的品质并不能完全支撑产品卖点。

**最后，提醒一点。现如今的各种产品琳琅满目，要让消费者记住一个产品是需要持久刺激和持续沉淀的。**虽然我们说凡是有特点的产品，能让消费者记住，在胜出竞争中，更容易进入消费者心智，但是，如果我们把产品的特点，今天这么换一下，明天那么换一下，到最后很可能是产品卖了很多年，依然没有给消费者留下深刻印象。如果产品一天变一个样子，那永远都有新的卖点，消费者不可能记得住。

## 04
## 让猪也能飞起来（趋势分析）

“欲做强势，必做趋势。”

如果我们生产经营的产品，符合市场和消费者需求变化的趋势，就如同顺风行船，就意味着速度、借力、流行和发展方向，做起来很容易达到预期。

如果逆势而为，不仅寸步难行，而且很可能得到的结果就是出力不出效益。

在我主讲的总裁班课堂上，我曾经问学员一个问题：“猪会不会飞起来？”

许多学员都觉得这是一个很奇怪的问题，认为老师的脑子进水了，猪怎么可能飞起来？

我问他们，如果是台风来了呢？

台风来了，不仅猪能飞起来，我们人也会飞起来！这就是借势。小米总裁雷军也说“站在台风口上，猪也会飞起来”。2011年9月，一个没有多大名气的手机品牌“小米”，正式上线销售。任谁也想不到，在不到一年的时间内，这个不是品牌的小米手机销售量累计 150 万部，迅速成为众所皆知的品牌，2013 年销售额更是达到了 300 亿元。除了定位精准、价格便宜之外，小米有今天的发展最主要的是，小米手机成功地站在了“智能手机发展和互联网思维”的台风口上，获得了令人瞩目的佳绩。

好风凭借力，扶摇直上九万里。**企业生产经营某种产品，一定要认清时势，顺势决策，造势借势。**

**其一，认清品类的发展趋势。**

任何品类都不可能一直畅销，有品类倒下必然有新品类崛起。这时，新品类崛起就是企业发展的机会。

新老品类的更替与消费者消费能力和需求变化密不可分。改革开放 30 多年，消费者有了更高层次的消费需求，例如，对安全、营养、健康、天然、绿色食品的关注度越来越高。这就意味着符合这类消费趋势的产品会越来越受欢迎，销量自然会爆发性增长。这类行业和产品，企业要大胆进入和跟进。

面对目前快消品市场表现比较火爆的植物蛋白饮料、凉茶、功能饮料、水、啤酒、红酒等产品，懂得借势的企业可以顺势而为进入这些行业，如果研发了符合趋势的产品，想不赚钱都很难。

例如，植物蛋白饮料中的领导品牌，如露露、养元、银鹭、椰树等，在这一轮品类发展浪潮中都得到了爆发性增长；作为跟随者的绿宝露、起跑线、好佳一、一大早、摩尔农庄等，也得到快速发展。康师傅、农夫山泉、娃哈哈等一线品牌，在水行业兴起的浪潮中赚得盆满钵满，作为跟随者的昆仑山、景田百岁山、怡宝、恒大冰泉等水品牌也得到快速发展。

这些企业的发展都有一个共性：大企业借消费趋势变化研发新品类，获得高速发展，中小企业模仿或者跟随大企业畅销的品类，也获得高速发展。

**当新品类崛起时，企业要快速进入或者跟进；老品类衰退时，要逐渐退出。**

面对不符合消费趋势的品类，应该逐渐减少投入、甚至退出。例如胶卷、照明用的蜡烛、油炸型食品（比如方便面）、碳酸类饮料、味精、黑白电视、VCD、传呼机等。这些品类要么销量持续下滑、要么被新品类替代，如果固守趋势向下走的品类，最终你的企业可能和品类的结局一样，被消费者遗忘。

有一个关于劳斯莱斯和马车的有趣故事。故事背后的道理值得经营企业的老板思考。

100多年前，在英国某个城市有两家马车公司，一家马车公司的老板说，“我要给消费者制造最好的马车”；另外一家马车公司的老板说，“我要给消费者制造最好的交通工具”。

在当时两家马车公司制造的马车外观都精美，质量上乘。但是N年后要给消费者制造最好的马车的公司倒闭了，另外一家要给消费者制造最好的交通工具的公司现在依然存在，而且发展得很好，它就是劳斯莱斯公司。

时代在发展，还有哪个城市允许马车作为交通工具在大街上跑？当消费需求变化时，前者不是研发新产品满足和引导需求，而是在老路上走，尽管产品质量更好，营销投入更大，但这些努力并不能改变企业破产的命运。

**其次，关注未来的主流消费产品。现在我们身边的高端产品，通常就是未来的主流消费产品。**

20年前一个县城也很难见到几辆桑塔纳轿车，现在在中国任何县城你都能见到宝马、奔驰。不是桑塔纳车的问题，而是消费者消费升级实在太快了。

当满大街卖得都是1元一瓶的水时，农夫山泉定价1.5元每瓶，很多消费者因为贵0.5元而放弃购买；可当前农夫山泉已经彻头彻尾地成为大众消费产品时，消费者就连零售5元每瓶的昆仑山矿泉水也见怪不怪了。

**产品长期固守低端市场等于慢性自杀。**当身边的所有产品都在提价时，你的产品不提价就是慢性自杀（所有原料在涨价，产品售价不调整，只有一种可能：降低成本，挤压利润）。看看康师傅矿物质水、娃哈哈纯净水，它们的市场份额不正在被中高端水一点点抢走吗？

不要以为产品不提价消费者就会感谢你，消费者对产品价值的判断首先是价格，价格高感觉就是好东西，其次才是质量。不要试图给消费者提供物美价廉的产品，这个世界上从来没有物美价廉的产品。

**当你无法确定生产经营哪种产品时，可以向高端看齐。**

2010 年，我在课堂上给学员做了一个判断——饮料市场上未来高端水会成为主导产品。当时很多企业家不相信。昆仑山矿泉水刚刚上市的时候，很多业内人士判断——这产品死定了。为什么？因为他们觉得价格太高了，一瓶水卖 5 元钱，把老百姓当成傻子啊？结果怎么样？昆仑山矿泉水在大中城市销售非常火爆。

一个做饮料的企业家后悔地说，不是老百姓傻，是自己傻，很好的一个机会错过了。

随着工业化的进程加快，纯净的水越来越少，也就意味着水类产品的空间会越来越大，在未来 5~10 年内，你不用怀疑，水类产品肯定是饮料产业的第一大品类。

**第三，认清国家宏观政策调控趋势，这是我们做企业的最基本原则。**

中国市场经济是调控下的市场经济。中央提倡什么，强调什么，引导什么，作为企业就要做什么！顺势而为，你不想赚钱都很难。

**国家提倡的、强调的、引导的就是机会，就是趋势。**

行业里曾经流传一个段子：1980 年代，摆个地摊就能发财做大老板，可很多人不敢，敢的都成为第一批万元户了。1990 年代，几千块钱买只股票就能挣钱成为百万富翁，可很多人不信，信的人都成为百万富翁了。

2000年有人说玩互联网能发展，很多人不试，现在李彦宏、马云、马化腾都是身价过亿的大佬。2003年后很多专家提醒消费者买房，很多人等着降价，结果10年时间房价翻了10倍。

有人说：“如果当初我做，我会比他们强！”不错，你的能力、学历或许比他们强，本钱也许比他们多，经验也许比他们丰富，可问题出在你当时不信、不敢、不试、没有做！

这不光是行动的问题，更重要的是对趋势的判断问题，是眼光的问题。所以眼光决定成败，决定结果。那些没有学历、没有经历，也不是很勤奋的人之所以成功就是他们能够发现趋势，把握趋势，立即行动。

**企业生产经营的产品一定要符合国家宏观政策调控方向。凡是国家明令禁止的、调控的，不要逆势而为。**

比如国家对破坏环境类产品的调控：很多地方政府就明令禁止含磷洗衣粉的生产、流通和销售，这个时候你还能继续生产含磷洗衣粉吗？如果继续生产，你能在市场上销售吗？

再如2012年12月国家出台的“八项规定”，这种形势下你进入白酒、高端礼品、高档酒店、高端餐饮行业，你的投资回报能有保证吗？近几年国家一直在对钢铁、水泥、化工、煤炭等高能耗、高污染产能过剩行业硬性逐步淘汰，这些行业你能进入吗？在当前的环境下，如果你逆势而上，依然生产经营此类产品，只能遭到国家政策的毁灭性打击。

中央“八项规定”颁布执行后，白酒行业销量趋势瞬间逆转，就连茅台、五粮液也马上由供不应求变为供过于求。就在这种形势下竟然有一家食品饮料企业宣布投资150亿元进军白酒行业。白酒行业上一个十年号称黄金十年，从几百亿的盘子发展到4000多亿的盘子。这是特殊的行业、特殊的时期、特殊的政策产生的特殊结果，这种发展不具备复制性。公款消费占白酒消费至少1/4以上，再加上80后、90后白酒消费人群的减少，（80后、90后啤酒、红酒消费成为主流），未来很长一段时间白酒行业将处于冬天，这个时候进入该行业就是人和天斗，你胜算有几何？

**凡是国家鼓励的、提倡的、扶持的、引导的，一定要顺势而为。**“十二五”期间政府加大对科技、环保、文化、三农的支持。这就是国家提倡的、引导的、强调的商机和趋势，这些行业你进去不仅仅能获得国家的定向补贴、政策支持，最关键的是顺应消费趋势。例如雾霾越来越严重，也就意味着环保行业的春天来了，在这种环境下，如果我们生产经营诸如节能、环保、绿色的符合国家鼓励扶持类的产品，不仅不会有风险，而且前途一定一片光明。

**人和人之间的差距在哪儿？在于对大势的判断。**

什么叫机会？政府提倡的只有少部分人敢做的，就叫机会。试想一下，当所有人都认为这事能做的时候，那还是不是机会？肯定不是机会了。

生产经营某种产品，只要该产品有卖点，厂家很规范，品类趋势上升，就可以大胆去做。或许今年不赚钱，但是没关系，放在手里慢慢养着，几年以后再看，你会发现，这个产品已经成为畅销产品。

**没有人能与大势做斗争，资源再好，手中再有钱，营销网络建得再完善，如果逆势而行，照样不会成功。**

我曾经见过这样一家企业，眼看着它经营的产品品类趋势下滑，它不是调整产品，而是不断地加大投入，希望用营销改变销售趋势。结果怎么样？辛辛苦苦很多年，一下子又回到解放前。

没有什么生意能做一辈子，今天赚钱不意味着明天赚钱，只有把握好了势，借势而行，企业才能真正地发展壮大起来。

是时候停下来，仔细分析一下，你的企业经营的产品都处于什么趋势了！

## 05 市场容量决定销量（品类空间确定）

品类空间决定市场容量，市场容量决定行业容量，行业容量决定企业销量。行业容量和企业销量，则决定了我们所生产经营的产品的发展前景。

有一家做粉丝的企业老板，他2008年豪迈地宣布要用5年的时间实现50亿元的销售额。

他的目标，宏伟、清晰、坚定。可问题是当年全国的即食粉丝销量加起来也就10亿元左右。也就是说这个品类消费空间比较小，有什么方法在5年后独家实现销售额50亿元？从理论上讲，零售1包1元的粉丝，全中国人一人一年吃4包就能实现50亿元的销售额。

可问题是，粉丝不是必需品，很多人可能一辈子也不曾吃过一包粉丝。这个老板硬是没有意识到这个问题，全国铺天盖地地宣传、推广。结果呢？2013年销售额还不到2亿元。

多深的水养多大的鱼，小池塘不可能养大鲸鱼。这就是行业容量决定企业销量的最佳证明。

有些产品的品类空间很大，市场容量全国可达 8000 多亿，企业想做大就很容易；而有些品类市场容量很小，全国的市场销量加起来不到 10 亿元，即使该产品非常有卖点，一年想做到几百亿那也是不可能实现的。

当然，这并不是说品类空间小就不能做，如果毛利很高的话，也是可以做的。只不过，你不要期望很高。比如说，一年赚几个亿，那就有些不现实。品类空间太小了，毛利空间再高，市场也是有限的，企业想做大就很难；而相对来说，品类空间越大，你所能借势的空间也就越大，企业想做大就容易一些。

**对一个产品，我们有两种品类空间大小判别法。**

**第一，看所选择的产品是不是新品类。**

所谓新品类，就是通过产品创新、旧元素重新组合或者从外部引进的之前本土市场没有出现的新类别产品。如植物蛋白饮料、维生素糖果、苹果醋、利郎商务休闲男装、维生素功能饮料、枇杷饮料……这些都是近年通过旧元素新组合、或者创新、或者从外引入而产生的新品类。

对新品类市场空间，从以下 3 个项目做判断。

| 判断项目 | 判断因素 | 案例 |
| --- | --- | --- |
| 市场是否有真正的需求? | 对新品类，我们要认真分析和预测市场是否有真正的需求；<br>判断指标：符合消费趋势、消费能力和消费习惯，就有需求；反之，就没有或者需求量较小。 | 如功能饮料：因目前职场人士工作压力大和易疲劳人群越来越多，而且人们有足够的消费水平，通过企业的持续引导，就形成了庞大的市场需求；<br>再如枇杷润肺饮料：人们为什么要润肺？人们真的需要润肺吗？有更好更直接的润肺方式吗？这些还是不确定因素，是否会形成真正的需求，目前不确定因素较多。 |

| 判断项目 | 判断因素 | 案例 |
| --- | --- | --- |
| 需求人群有多大规模？ | 对于新品类，我们要依据人们的消费习惯分析潜在的消费群体有多大？ | 如功能饮料：通过专业调查结果我们得知，中国消费者认为当前最大的健康问题是疲劳，与此同时开车、加班、上夜班、压力大的人越来越多，由此我们就可以预测到该品类产品未来会有较大的市场空间；<br>再如苹果醋：我们虽然知道苹果醋有保健养生、改善疲劳、美容养颜的作用，但是因为人们对“醋”所延伸的特殊含义，真正通过饮用苹果醋来养生、改善疲劳、美容养颜的人群又有多少呢？事实上确实不够多。 |
| 引导期长短及引导能力预测和分析 | 该新品类引导期大概需要多长时间？企业和行业有无能力和实力引导成功？这些都需要我们进行分析和判断。 | 一方面要预测引导期，另一方面要评估企业和行业的引导能力。比如冰糖雪梨，大型企业的引导能力 + 易于引导的短暂引导期，使这个新品类在短时间内就实现了爆量；<br>还有些功能饮料，虽然引导期长了一点，但是企业有引导消费的实力和能力，上市 10 年后也实现了爆量；而苹果醋，至今我们仍然难以预测这个品类的引导期究竟要多久？从事该品类的企业能否将市场需求引导成功？ |

**第二，如果是老品类，该品类的市场空间到底有多大。**

品类空间越大，市场容量和潜力越大，前景越广阔，我们前期的投入就有可能在未来得到较好回报。如果品类空间较小，市场容量和潜力也就较小，未来发展前景暗淡，可能就难以达到我们的预期。

依据这样的品类空间大小判断标准来判定。

| 项目 | 判断标准 | 案例 |
|---|---|---|
| 品类空间大 | 目标消费群体较大或具有特定消费环境、消费周期短、购买频次高、价格容易接受。 | 小面包、火腿肠、天然饮用水、核桃露、茶饮料等。 |
| 品类空间小 | 目标消费群体小、消费周期相对较长、购买频次相对较低、非大众价格。 | 苹果醋、蒸馏水、玫瑰花饮、张君雅等。 |

**作为经营管理者，要时时保持头脑清醒，不要过于高估个人的市场掌控能力，**最好生产经营那些品类空间大和发展趋势好的产品，以借势发展。

很多经营管理者都喜欢凭感觉或者经验做判断，我们统称为拍脑袋型。感觉取决于一个人的经历和认知，经历不够丰富、认知高度不够，感觉往往不可靠。经验是个好东西，可面对快速变化的市场，经验往往让你死得很难看，过去成功的经验成为现在死亡的理由，这就叫成功阻碍成功。

## 06 瞄准周期，把握趋势（成长周期评断）

**产品生命周期，是指产品的市场寿命**——产品从进入市场开始，到最终退出市场为止，所经历的市场生命循环过程。

产品经过研究开发、试销，然后进入市场，它的销量和利润都会随时间推移而改变，呈现一个由少到多再由多到少的过程，就如同人的生命一样，由诞生、成长到成熟，最终走向衰亡。这就是产品的生命周期现象，**通常有四个阶段：导入期、成长期、成熟期、衰退期。**

一个新产品上市能否成功至少需要6个月验证。第一个月试销，第二个月大面积铺货，第三个月补货，第四、五个月消化，第六个月回转、二次铺货。也就是说，半年时间，如果你能一鼓作气将产品推广出去，那么也就算成了。但如若做不成，再推第二期就非常难，没必要再花费很大的代价和心血。

**成长周期评判法，是根据产品所处的周期阶段来确定哪个产品适合聚焦。**通常来说，处于成长期的产品属于快速上量的；处于成熟期的产品属于销量稳定的；处于衰退期的产品销量下滑。这个规律在任何行业都适用。

**我们重点聚焦的产品一定是处于成长期或导入期的产品。**

因为，产品进入衰退期，下滑的趋势很难遏制，投入越多损失就越多；进入成熟期，无论是否再追加投入和精力，它的销量基本上没多大变化，而且产品本身即将走下坡路，这时候无论怎么聚焦在销售上也很难有大的突破。

产品生命周期的四个阶段和特征如下表所示。

| 产品生命周期阶段 | 表现特征 |
|---|---|
| 导入期 | 新产品投入市场，便进入推广期。此时，顾客对产品还不了解，只有少数追求新奇的顾客可能购买，销售量很低。 |
| 成长期 | 这时顾客对产品已经熟悉，大量的新顾客开始购买，市场逐步扩大。 |
| 成熟期 | 市场需求趋向饱和，潜在的顾客已经很少，销售额增长缓慢直至转而下降，标志着产品进入了成熟期。在这一阶段，竞争逐渐加剧，产品售价降低，促销费用增加，利润下降。 |
| 衰退期 | 随着新技术的发展，新产品或新的代用品出现，将使顾客的消费习惯发生改变，转向其他产品，从而使原来产品的销售额和利润额迅速下降，产品进入了衰退期。 |

要想确定你所选择的产品处于哪个周期，可以先从以下三个问题进行思考：

——你生产经营的产品分别属于哪个品类？

——它处于产品发展的哪个阶段？

——它的产品趋势和品类趋势如何？

**其一，我们先用产品 KPI（关键业绩指标）指标来初步判断。**

| KPI 指标 | 评价 | 备注 |
| --- | --- | --- |
| 单品的导入时间 | | |
| 产品是否精进 | | |
| 现时毛利 | | |
| 销量趋势 | | |

一个产品按上述表格项目逐一分析，我们可以清楚地看到——单品的导入时间、产品是否精进（品质、包装、卖点、价格、促销、策略是否调整）、现时毛利、销量趋势，对比产品生命周期各个阶段的特点，进而判断该产品处于“导入期、成长期、成熟期、衰退期”的哪个阶段。

**其二，我们继续思考：品类趋势等不等于产品趋势？答案是：不一定。通常品类趋势与产品趋势有三种关系。**

**1. 品类向上，单品向下。**

也就是说，虽然该单品趋势不行，但是它位属的品类趋势是向上的。比如说饮料这个大品类趋势是向上的，但碳酸饮料的趋势一直在走下坡路，2000年碳酸饮料年销售额占饮料品类的32.3%，2012年则下滑到21.02%。

**2. 品类向下，单品向上。**

近年来，杯装奶茶市场由于一些原因呈现出销量大幅下滑的现象，然而香飘飘这一单品销量却呈现上升趋势。据统计，2010年，香飘飘奶茶销量突破10亿杯，销售额保守估计20亿元。

**3. 品类趋势和单品趋势一样。**

两者的发展趋势相同，都处于上升趋势或者下降趋势。

我们对一些具体产品及品类做一下趋势分析，从该分析中，我们能进一步地明确品类趋势和产品趋势的关系，从而有助于我们在大的趋势背景下，对我们生产经营的老产品所处的生命周期做进一步的评判。

| 产品 | 趋势 | 品类 | 趋势 |
|---|---|---|---|
| 营养快线 | ↗ | 乳饮料 | ↘ |
| 健力宝 | ↘ | 含气运动饮料 | ↘ |
| 可乐、雪碧 | ↗ | 碳酸饮料 | ↘ |
| 红牛 | ↗ | 特殊功能饮料 | ↗ |
| 统一方便面 | ↗ | 方便面 | ↘ |
| 二锅头 | ↗ | 白酒 | ↘ |
| 陈克明 | ↗ | 挂面 | ↗ |
| 奥利奥 | ↗ | 饼干 | ↘ |
| 香飘飘 | ↗ | 奶茶 | ↘ |

从这个图表中，我们可以看出：

◇红牛和功能饮料品类：产品趋势和品类趋势一样；

◇二锅头和白酒品类：产品趋势不等于品类趋势，红星二锅头持续成长，但是白酒销量在“八项规定”的影响下快速下滑；

◇陈克明挂面和挂面品类：无论产品趋势还是品类趋势都是向上的，挂面品类成长快，作为单品的陈克明挂面也成长快；

◇奥利奥饼干和饼干品类：饼干品类总体来说这两年是下滑的，但是奥利奥饼干在国内是增长的……

经过这样的分析，我们对产品处于哪一个生命周期阶段能有更进一步的评判，同时，也会理智地认识到，有些大趋势是单个产品无法改变的。

这里面最典型的是方便面行业。整个方便面行业连续 5 年下滑，但是康师傅方便面 2013 年上半年增长 6.8%。因为，在整个行业中，康师傅方便面是该品类的“老大”，要想在这个行业中占一席之地，我们最好清楚自己是否能够赶超康师傅方便面，如果不能的话，最好不要去生产经营这个产品。

## 07 老产品里挑黄金

**老产品中挑黄金，我们选择聚焦的产品必须符合以下要素：**

◇朝阳产品（处于导入期或成长期的产品）；

◇形象好、有独特的卖点；

◇新品类、市场容量大；

◇品类趋势好，可借势发展；

◇高毛利、推广后一定能够引领消费、引领潮流、创造利润、确立企业在市场的地位。

我们可将“利润优选、特点确认、趋势分析、品类空间确定和成长周期评判”五大因素汇总，制成一个表格，通过相关要点判断，来看我们的老产品里是否有“黄金”，以及“含金量”的高低。

**第一步，填写老产品“含金量”评判5大要素表。**

| 判断项目 | 产品 1 | 产品 2 | 产品 3 | 产品 4 | 产品 5 | 产品 6 |
|---|---|---|---|---|---|---|
| 利润率高 | | | | | | |
| 产品有特点 | | | | | | |
| 趋势好 | | | | | | |
| 品类空间大 | | | | | | |
| 成长周期 | | | | | | |

（1）利润空间大、有特色、趋势好、空间大、处于导入期或者成长期，则产品对应项画“√”；

（2）利润空间小、无特色、趋势差、容量小、处于成熟期或者衰退期，则产品对应项打“×”。

**第二步，做 5 项要素的优选排序。**

利润、特点、趋势、空间、生命周期，这五项哪一项都很重要，但对于中小企业而言，重要性不太一样。经营企业的首要目标是赚取合理利润，所以利润最重要；其次是特点；再次是趋势。所以从重要性上排序如下：利润空间＞产品特色＞发展趋势＞容量空间＞成长周期。

**第三步，依据第二步的原则，从第一步的表中，对老产品的“含金量”进行二次判断。**

通常会出现以下情况：

（1）“判断项目”中有五项判断对应均打“√”的产品，则其“黄金含量”很高，要毫不犹豫地确定为聚焦产品并大力推广；

（2）符合“判断项目”五项都打“√”的老产品有多支，那么则按重要性排序择优选择；

（3）在“判断项目”中，如果没有一支产品的五项要素判断均打“√”的，则按判断项目的重要性顺序排序，择优选择；

（4）如果老产品确实没有适合聚焦的，也就是没有打“√”的。可考虑增加新产品。再按上述方法和判断项目进行评估、判断。

例如，2008 年统一做聚焦战略、整合老产品，要从方便面品类中挑明星产品，依据我们的3步法判定产品含金量：

填写5项要素表。

| 判断项目 | 老坛酸菜 | 好劲道 | 卤香牛肉 | 小浣熊 |
|---|---|---|---|---|
| 利润率高 | √ | X | √ | X |
| 产品有特点 | √ | √ | √ | √ |
| 趋势好 | √ | X | √ | √ |
| 品类空间大 | √ | X | √ | √ |
| 成长周期 | √ | X | X | √ |

（1）挑出其中5项都打“√”的产品——“老坛酸菜”，毫无疑问可作为聚焦产品力推。

（2）假设，现在没有“老坛酸菜”这个产品，那么剩下的3个产品中，4项打“√”的产品有“卤香牛肉”和“小浣熊”，则依据优选排序“利润空间>产品特色>发展趋势>容量空间>成长周期”的原则，选取利润率高的“卤香牛肉”作为聚焦产品。

……

依据这样的工具、表格和原则，我们能很清晰地从现有的经营产品中，选出我们准备聚焦的产品，实现单品突破。

3

# 竞品胜出之道❷：聚焦新产品

C H A P T E R

企业和企业之间的较量是符号产品，
如何才能从行业中突显出来成为排头兵
要么成就唯一，轻松植入消费者的心智，
要么单品突破，在同类产品中位居第一

## 01 要么做唯一，要么做第一

企业发展就是新产品推广的接力赛。一个又一个新产品接力推广，形成一个又一个波峰，持续地推动企业健康地往前发展。但不是说，新产品推广数量越多，销量就越大。

在新产品的推广中，“质量”决定成功率。所谓“质量”并不是单纯地指产品品质的好坏，还包含定位、包装、服务等各方面的内容。

**要么成为唯一，要么做到第一，这是聚焦新产品的胜出之道。**

“成为唯一”，新品的不可取代性就决定了其竞争力。这是产品创新的表现，无需赘述。

而“做到第一”，就是成为行业领先者或者排头兵，让大多数消费者主动购买，形成规模消费。

在小池塘里做大鱼，胜过在大池塘里做小鱼，其竞争力体现在以下几个方面。

**1. 让消费者容易记住。**

从消费者角度分析，消费者最不容易忘记的往往是第一品牌，因为第一品牌在很多消费者心目中几乎就等于它的品类。例如，喜之郎 = 果冻、格力 = 空调、加多宝 = 凉茶、红牛 = 功能饮料、茅台 = 高端白酒……做第一的目的就是便于让消费者记住，从而增加消费者购买的概率。

当消费者把某一个品牌等同于某一个品类时，就增加了消费者购买第一品牌的概率，无形中增加了第一品牌的销售额。这不正是每一个企业梦寐以求的事情吗？

**2. 掌控定价权。**

第一品牌的目标消费群，对价格的敏感度相对比较低，但对品牌的忠诚度相对比较高。如：路虎、卡宴汽车的忠实消费者不会因为路虎、卡宴涨价就换买其他品牌车辆，即便是加价销售他们依然趋之若鹜。绝对的销量产生绝对的知名度，绝对的知名度产生绝对的定价权。

2012 年，星巴克手工调制饮料的价格曾上调 1~2 元，但是涨价并没有影响消费者的购买热情，因为它是咖啡第一品牌，消费者已经形成习惯消费，不会因为价格涨了消费者就不买了。但是如果是二线或者三线品牌，价格随意涨的结果只会有一个：遭到市场的无情淘汰。

**3. 压倒性的市场占有率。**

第一品牌和第二品牌相比，其销量比大多超过 2 ∶ 1，甚至达到 3 ∶ 1 的压倒性优势。

2013 年，百事可乐在中国大陆的销售额不到可口可乐的 1/3；露露的销售额仅是养元六个核桃的 1/3；康师傅 2013 年销售额为 277 亿元左右，统一方便面 78 亿元左右，其比例超过了 3 ∶ 1。

从这些品牌我们可以看出，第一品牌和第二品牌销量差距非常大。

**4. 品牌和利润成正比。**

品牌越响，知名度越高，利润就越高。例如，方便面第一品牌康师傅，一年的总利润比后面几百家企业的利润总和还要多。不只是总利润，从利润率上康师傅也一直是最高的，净利润一直保持在 10% 以上，而排在后面的很多企业苦苦在盈利平衡点上挣扎。这就是第一品牌的威力。

当然，要想从竞品中脱颖而出做到第一，并不容易。我们选择聚焦的新产品，还要考虑其是否适应消费者的需求，是否适应企业自身的人、财、物等资源配置的条件以便及时顺利地到达市场位置。这时要牢记 16 字真诀：“人无我有，人有我优，人优我廉，人廉我转”。

**产品聚焦，不能脱离 4 个因素：产品、企业、消费者和竞争者。对应的是产品的特性、企业的创新意识、消费者的需求偏爱、竞争对手产品的市场位置。**

**当四者协调得当，才能正确地确定聚焦的产品，因此需要以下几个决定步骤：**

**——做市场细分。**选择目标市场，为自己找到合适的市场位置，确定好自己的服务对象，为产品定位提供重要的决策依据。

**——确定产品特性。**综合分析消费者对某种产品的态度，了解消费者不同的偏好和需要，以确定或调整产品特性。

**——进行市场调查。**分析竞争对手，挖掘市场潜力。即根据竞争对手产品的市场位置，根据其开发技能、企业生产能力、资源保证和经济能力等，选择相应的定位策略，最大限度地挖掘市场潜力。

**——做好产品定位。**在了解了消费者对本产品所期望的形象之后，根据竞争对手的产品定位及企业自身的资源、技术生产和经营能力等，尽快做出产品定位的决策。

**——产品定位综合评价。**在进行了前四项工作后，还要对上述各方面进行综合分析、评价，最后确定是否定位聚焦，如何定位聚焦，聚焦定位在何处。

**最后，**无论选择哪个新产品做聚焦，最忌一厢情愿、自我感觉良好，**必须结合市场上同行业竞争对手的情况**（诸如竞争对手的数量，各自的实力及其产品的不同市场位置等）**来确定**，避免定位雷同，以减少竞争中的风险，促进产品销售。

例如，依云水目标消费群是较高收入的消费者；娃哈哈纯净水则定位为较低收入者。同样做空调，格力传达给消费者的信息是品质——好空调，格力造；美的传达给消费者的信息是省电——每晚只需一度电。

## 02 借“老大”之威，扬新品之名

艾·里斯及杰克·特劳特曾提出一个著名的商业概念——**二元法则，并认为，在一个成熟的市场上，营销的竞争最终会成为“两匹马的竞争”。**这两匹马，一匹是领导者，另一匹则是后起之秀。二者相互对立。

在市场的竞争激流下，二元法则的表现往往是，竞争双方，一个是老品牌，销量非常大且稳定；另一个就是后起之秀，销量逐步增长，大有赶超老品牌的趋势。回想我们身边的品牌，你就会发现，基本上每个成熟的品类，最终占据优势的总有两个品牌，每一个知名品牌都有一个强有力的挑战者。

所以，我们提到奔驰就会想到宝马；提到茅台就会想到五粮液；提到香飘飘就会想到优乐美；提到高露洁就会想到佳洁士；提到立白就会想到汰渍；提到沃尔玛就会想到家乐福……

**新产品以挑战者的角色出现和品类的第一品牌竞争，这是二元法则下聚焦新品的胜出方法之一。**

当你和巨人联系在一起的时候，才有可能成为巨人。这样做的目的，就是使新产品与第一品牌产生联系。为什么古代很多学武的人要去知名武馆踢馆？还找比自己强的踢馆？因为踢馆之后自己就出名了。

许多企业的产品未必没有与一线品牌较量的能力，但更关键的问题是，这些企业的产品能否和一线品牌发生联系，是否具备挑战一线品牌的素质？

**企业想要做强，不妨聚焦能与大品牌叫板的新品，向大企业的大品牌发起挑战，从而借老大的“威”扬自己的“名”。**

有许多小品牌因为成功挑战第一品牌，从而成为市场上瞩目的新星，甚至超越第一品牌成为老大。当初蒙牛就是这样挑战伊利的。

蒙牛1999年刚刚进入市场时，注册资金只有1000万元，排名中国乳业企业第1001位。就是这个小得不能再小的企业，竟然定位要做中国乳业第二！

“向伊利学习，为民族工业争气，争创内蒙古乳业第二品牌。”——当时，这个口号一提出，立刻让蒙牛这个小品牌和第一品牌伊利产生关联，消费者通过伊利知道了蒙牛，蒙牛便很快提升了在全国的知名度。

提提口号也就罢了，还有更不可思议的。蒙牛创业之初，没有工厂，没有奶源，没有市场，三无状态下弱小的蒙牛没有按照一般的思维习惯出牌，而是采取农村包围城市的策略——先在二三级城市打市场，待规模到了一定程度，开始挑战同行业巨头，向一线大城市发起攻击，并且瞄准一线大城市，在北京、上海等地与强大的伊利正面竞争，知难而上、啃硬骨头、打硬仗，硬是杀出了一条血路。

在顺利拿下一线城市之后，二三线市场也就全线飘红，于是又一个伟大的乳业品牌诞生了。

像这样的案例还有很多，例如，养元挑战露露、优乐美挑战香飘飘、黑卡挑战红牛……这些都是消费者面前活生生的成功案例。

**那么，如何判断什么样的产品能以第一品牌挑战者的角色出现呢？我们可以参照以下表格的方法来判断。**

<table>
<tr><th>参考项目</th><th>是</th><th>否</th><th>评分标准</th></tr>
<tr><td>企业规模很小时把第一品牌作为竞争对手，且把信息传递给消费者。</td><td></td><td></td><td rowspan="4">“是”得 1 分；<br>“否”得 0 分；<br>分数相加的得分≥ 3 分的产品可考虑聚焦。</td></tr>
<tr><td>产品的品质、形象、价格是否和第一品牌匹配。</td><td></td><td></td></tr>
<tr><td>消费者消费时是否和第一品牌产生联想。</td><td></td><td></td></tr>
<tr><td>销量增速大于行业平均增速且逐渐和第一品牌缩小差距。</td><td></td><td></td></tr>
</table>

和高手过招你才能成为高手，不是所有品牌一生下来就很强大，你的对手是谁，就决定你的市场位置。**聚焦新品，以第一品牌挑战者角色出现，还需要按下面的规则来玩儿：**

——挑战双方，一定是弱小的企业挑战强大的企业，无品牌企业挑战知名品牌企业。由此才能制造噱头、巧妙传播、引起关注。

——挑战者都是具有企图心的企业，既然准备挑战强大品牌，就必须在产品品质上和强大品牌相当，卖点和形象上具有对比性，价格持平或者略低。

——消费者见到产品会和强大品牌产生联想。

——在行业众多品牌的嘲笑中快速发展，销量增速远远大于行业增速，快速超越众多中小品牌，拉近与挑战品牌的销量差距，例如蒙牛的火箭速度。

对手足够强大，挑战者的未来才有可能强大。不要怕向大品牌挑战，消费趋势是可以引导的，更何况任何一个产品想要卖得火的话，需要很多推广炒作。

要想赶超第一品牌，就要保有“我现在很弱小，但我的企图心很强大”“我要做出和你一样强大的品牌，创造和你一样强大的销量”的心态。只有这样，才有超越自己的可能，也才能充分发挥挑战者角色的作用。

## 03 对比第一品牌，做行业黑马

按照艾·里斯及杰克·特劳特的二元法则，我们发现，很多横空出世的新品牌是以知名的大品牌为聚焦点来做产品定位的，如：黄金酒——白金酒、油炸方便面——非油炸方便面、高档——低档、大——小、豪华——简约、咸味——甜味、罐装——瓶装、陈坛酸菜——老坛酸菜等。

**以对比者的角色出现，这是一种差异化聚焦的战略，是二元法则下以大品牌为聚焦点定位新产品的胜出方法。它意味着我的产品跟你的不一样，有区别。**

乐源果粒橙这个品牌现在已被很多人熟知，但是在这之前，乐源果粒橙卖了14年都没卖得很好。因为它总是在模仿美汁源果粒橙，美汁源卖什么它就卖什么。

虽说乐源也进行了产品聚焦，只卖果粒橙，但是与其他品牌并没有什么差异点，没有突出自己的优势，只能在大企业的阴影下生存。

如何改变这种局面？如何让乐源果粒橙跳出大企业的阴影？

给这家企业做智慧支持的时候，我们决定实施对比聚焦战略，就是让乐源果粒橙以对比美汁源的角色出现，而不是跟随者。

然后通过差异化分析，我们认为，既然美汁源是小果粒，那我们就将产品做成大果粒，“乐源大果粒，水果嚼着喝”，立刻就与美汁源的“小果粒”产生了对比。

当不同点出来了，立即就吸引了消费者的目光。乐源这家企业，也就一跃成为果粒橙品类的第二大品牌。

**新品聚焦的对比战术，其目的很明确，就是引起消费者对该产品的关注。**

因此，产品做对比的对象，一定要选择行业的第一品牌。也就是说，要和第一品牌产生对比，如果与不知名品牌对比，则不会有任何效果和意义。

**以对比的角色确定新产品，可以有很多种方法：**

**——在产品形状、颜色上做对比。**例如“和其正”瓶装的和“加多宝”罐装的进行对比；也可以在颜色上进行对比，例如“三精”的蓝瓶口服液，不卖产品卖蓝瓶。

**——在产品原料上做对比。**如含铅汽油和无铅汽油。

**——在功能上进行对比。**例如洗发水去屑、柔顺，化妆品的美白、祛痘等。

**——在价格上产生对比。**同样的产品价格不同。

除此之外，**还可以在消费者阶层上产生对比**，例如年龄、职业、性别、阶层等都可以作为定位元素。

**怎么判断新品是否适合以对比者的角色出现呢？我们可参考以下表格的方法。**

| 参考项目 | 是 | 否 | 评分标准 |
| --- | --- | --- | --- |
| 是对比品牌，产品卖点和强大竞品卖点是对比关系 | | | |
| 是挑战品牌，消费者消费时和对比品牌产生联想 | | | |
| 行业销量第二 | | | |
| 销量≥第一品牌的 1/2 | | | |

**以上4个参考项，分别标示了我们可以考虑聚焦的产品的4种潜能：**

①对比品牌——对手空间多大，我们的空间就有多大。

②挑战品牌——对手是谁决定你的市场地位。

③行业销量第二——最有可能成为行业黑马。

④销量≥第一品牌的1/2——差距不大，需要投入的不多，成为黑马的时间可能短。

这里，**对比的是产品卖点，与企业规模、产品价格没有直接关系。**就是我的卖点和你的完全不一样，或者满足消费者相反需求或者其他需求。例如：油炸方便面和非油炸方便面、罐装王老吉和瓶装和其正。可以在产品形状、原料、颜色、功能等方面进行对比。

这样，消费者购买某一知名产品时，很自然通过卖点联想到你的产品。

所以，以对比者的角色出现，意思就是在产品定位上做文章——如果第一是黄金酒，那我们就做白金酒；如果第一是油炸的，那我们就做非油炸；如果第一是咸味的，那我们就做甜味的；如果第一是红烧牛肉面，那我们就做上品红烧牛肉面加卤蛋……

## 04 品类切割，抓细分商机

当消费者的需求越来越细分，无疑就给企业带来了更多的商机。

1993年以前，市场上中国白酒的香型趋于标准化和定型化的原本只有4种：酱香型（以茅台为代表）、浓香型（以五粮液为代表）、清香型（以汾酒为代表）、米香型（以桂林三花酒为代表）。随着科技进步和产品研发上的创新，又出现这4种以外的很多香型，统称为其他香型。

随着2003年白酒"黄金十年"的出现，这个"其他香型"呈现百花齐放的局面，切割出更多类别的香型。

凤香型：以陕西"西凤酒"为代表，以乙酸乙酯为主，一定的己酸乙酯香气为辅。

芝麻香型：以"一品景芝"系列酒为代表，于1957年被发现。芝麻香型白酒是新中国成立后两大创新香型之一（芝麻香型白酒与兼香型）。芝麻香型白酒是以芝麻香为主体，兼有浓、清、酱三种香型之所长，故有"一品三味"之美誉。是中国"十一大香型"中最年轻的一个成员，同时也是酿造技术难度最大，酿造条件要求最高，对环境要求最严格的一个香型，堪称白酒中的贵族香型。

豉香型：以广东佛山玉冰烧酒为代表。以大米为原料，小曲为糖化发酵剂，半固态液态糖化发酵酿制而成的白酒。

特香型：以江西四特酒为代表。以大米为原料，富含奇数复合香气，香味谐调，余味悠长。

老白干香型：以河北衡水老白干为代表。以酒色清澈透明，醇香清雅，甘洌丰柔，回味悠长而著称于世。

兼香型：酱中带浓型——表现为芳香、舒适、细腻丰满、酱浓协调、余味爽净悠长，如湖北白云边酒；浓中带酱型——表现为浓香带酱香、诸味协调、口味细腻、余味爽净，如黑龙江的玉泉酒。

金门香型：金门高粱酒属于一特殊香型的白酒，是以乙酸乙酯、乳酸乙酯及高沸点香味物质三者构成的馥合香气突出为其香型特点，其酒液晶莹剔透、清香醇正、柔顺净爽，口、鼻、眼三种感官一致，饮之有如清香雾气中大地的芬芳，甘润爽口，有色、香、味三奇之美。

药香型：以董酒为代表。

……

即便是已经标准化的酱香型，也可以分为老酱香型和新酱香型。

每出现一个新的香型，就意味着白酒企业拥有了一个发展的商机。

**这就是新品聚焦战略的品类切割术——在一个大品类（白酒）中切割出来很多细分品类（各种香型），而每一个细分品类就对应着一个产品聚焦和创新的机会。**

**企业倘若无法靠大单品夺取江山，还可以在细分品类中寻找商机。**

当初，植物蛋白饮料刚上市时，市场上只有露露牌杏仁露和椰树牌椰汁；后来又出现养元核桃露、银鹭花生露；随后，市场上又出现混合植物蛋白饮料：花生核桃露、花生牛奶露、红枣核桃露、黑芝麻核桃露等；再之后在核桃露品类上按消费者年龄又细分出儿童核桃乳、中老年人核桃乳，按产地分为高原核桃露（云南的摩尔农庄）、森林核桃露、长白山核桃露等，每一个细分领域的新品出现，必定成就某些品牌，某些企业。

通过品类切割，可以给新产品一个精准的定位，将对手逼向一侧，从而让其自竞品中脱颖而出；品类切割微妙地改变了某一品类品牌间的强弱力量对比，可以实现以小搏大、以弱击强、以轻举重的目的。

**通常聚焦新产品的品类切割战术有以下各种方法。**

**1. 感性切割——将同样的产品卖出不同来。**营销的较量，不是产品与产品之间的较量，是产品在消费者心目中感知的较量。借助品类切割，让用户感知产品的不同，并给用户一个消费的理由，如：哈根达斯，“爱她就请她吃哈根达斯”成就了“冰淇淋中的劳斯莱斯”；银鹭，“幸福的味道”让花生牛奶变得与众不同。

**2. 类别切割——规避强者、以弱击强。**如“红牛”从功能饮料中切割出运动饮料。

**3. 市场切割——实现强弱关系的迅速转换。**如“露露”的大瓶饮料强势入主餐饮行业。

**4. 品牌切割——激发感性力量，创造隐性价值。**如“农夫山泉有点甜”，海尔的“真诚到永远”。

**5. 人群切割——精准定位消费人群。**这个好理解，就是产品是卖给婴幼儿，还是儿童？是卖给少年，还是老年人？是卖给城里人，还是给农村人？针对的是高收入人群，还是大众人群？

**依据以上 5 种类别，我们可以填写以下表格，来判定什么样的产品在品类切割上是否适用于新品聚焦战略。**

<table>
<tr><th>参考项目</th><th>是</th><th>否</th><th>评分标准</th></tr>
<tr><td>感性切割产品</td><td></td><td></td><td rowspan="5">“是”得 1 分；<br>“否”得 –1 分；<br>得分相加≥4 分的产品可考虑。</td></tr>
<tr><td>类别切割产品</td><td></td><td></td></tr>
<tr><td>市场切割产品</td><td></td><td></td></tr>
<tr><td>人群切割产品</td><td></td><td></td></tr>
<tr><td>品牌切割产品</td><td></td><td></td></tr>
</table>

**最后，对产品进行准确的品类切割时，还应站在竞争的角度来分析，对复杂的市场进行切割。**从而找到利于企业的区域市场、消费人群、新品类别、认知差异和品牌主线，以使消费者能够清晰快速地认同我们，规避与强大竞争对手的正面竞争，同时将竞争对手逼向一侧。

## 05 玩转蓝海，凭定位称王

老子说，“天下万物生于有，有生于无”。

这个思想运用于“三十六计”，则是“敌战计”第七计——无中生有——把本来不存在的事做成确有其事。

这个思想运用在新品聚焦的产品定位上，则是指某个品类本身不存在，我们无中生有把它做出来，或者某个品类本没有领导性的品牌，我们将某产品运作成领导性的品牌，通过产品定位创造一片蓝海。

比如说凉茶，以前除了广东人喝，其他地方的消费者不喝。原来的凉茶，就是一种中药饮剂，很苦的东西，和我们现在喝的甜甜的凉茶完全不一样。后来，加多宝、王老吉等厂家，将它改良、创造出来，成就了饮料的一个新品类——凉茶品类，一夜红遍大江南北，创造了一个个销售奇迹。

再比如，鸡蛋行业，卖鸡蛋而已啊，之前都没有过一个鸡蛋品牌。而现在，鸡蛋的品牌就多了，比如说德青源、咯咯嗒。

还有 2013 年流行起来的——香蕉牛奶、福娃糙米卷、格瓦斯、特斯拉电动车等，都是运用“蓝海战略”在行业里创造出的新品类。

因此，蓝海战略，也可称为“无中生有”战略。它与我们前文中新品聚焦的品类切割术有共同点：

创造新的游戏规则，做规则的制定者。

本来，很多行业的游戏规则都是大型企业制定的，中小企业在遵守游戏规则的前提下跟着玩。大企业相当于炒股的庄家，中小企业相当于散户。在别人制定的游戏规则中战胜他的可能性非常小，就像在一场比赛里，姚明要求和刘翔比投篮，毋庸置疑是姚明赢。

同理，企业在竞争态势下面临的关键问题是：做游戏规则的制定者还是参与者？

我们可以从以下方面思考。

1. 企业转型突破时，找到产品新的定位，创造有竞争力的品类蓝海，便可以成为新规则的制定者。

康师傅和统一，当年一前一后进入中国大陆市场，都从事方便面生产和销售。康师傅靠红烧牛肉面红遍全国，快速超越了幸运、华丰、熊毅武、南街村等企业。2008年前，统一只是模仿和跟随康师傅。康师傅做什么，统一跟着做什么。结果到2008年，统一的经营业绩依旧惨不忍睹。2008年底，统一通过品类切割、二次开发，聚焦“老坛酸菜牛肉面”，结果成为这个品类的代表产品，不只是挽救了统一企业方便面事业部，还改变了整个行业格局。康师傅就只能反过来学统一了。

在酸菜面这个细分品类上，统一成了游戏规则制定者，康师傅成了参与者。

2. 如果行业中的跟随者太多，创业者就要时刻想着如何革自己的命，改变现有商业模式。

2005年，网游公司纷纷涌出，行业竞争日渐激烈。在这一背景之下，盛大决定从点卡消费转为免费网游的商业模式。盛大当时受到国际资本市场的质疑，华尔街狂抛盛大股票，短短 10 天，盛大股价就从 27 美元跌到 11 美元。时任盛大总裁的唐骏见状，果断地去说服华尔街，他用了一个比喻：免费网游就像迪士尼不要门票，会吸引更多玩家，带来更多增值服务。华尔街被说服了，10 天后，股价又从 11 美元变成了 36 美元。

颠覆商业模式、制定游戏规则，这是唐骏常用的策略。

**3. 在拥挤的市场中，一定要成为一个游戏规则的制定者。你定游戏规则，所以你是领跑者。当你成为领跑者，你一定能获得更多的市场份额。**

我们知道格力空调，它虽然很贵，但是卖得很好。格力从不打价格战，它只注重品质。激烈竞争中，企业的价格战打得快，就死得快；坚守的话，可能当时会很痛苦，但坚守到一定程度的时候就会得到消费者的认同。格力空调，多年来，一直坚持高品质高价位，这种坚持给消费者留下了一个深刻的印象：格力空调就应该贵。

格力也通过自己的坚守，成为该品类的规则制定者。

**玩转蓝海，采用无中生有战略，成为行业新的规则的制定者。**

**这是新品对抗竞品的最有力武器。这样的战略可以让一个企业在竞争中掌握主动权，玩转蓝海，成为行业的排头兵。**

## 06 卖点也要"私人定制"

**产品之间的较量，最终聚焦在卖点上。**谁的卖点更能吸引消费者眼球，谁的卖点独一无二，谁就能拥有优势。没有卖点的产品就像深埋在泥土中的金子，有发光的可能，但没有发光的机会。

这时，**新品卖点的定位，同样要在聚焦的战略下完成。**

**首先，产品的好卖点一个就够了，简单易记，能够让人产生联想。**

大家都知道，王老吉是一款凉茶，虽说有着悠久的历史，但是一直摆脱不了区域性的限制——喝凉茶的多是南方人，北方人基本上不喝。那么，如何将这款产品推向全国市场呢？主推卖点是治感冒？是防湿？是下火？是增强体质？或者提高免疫力？

要知道凉茶有很多功效，但是哪一个卖点能够让南北市场的人都接受？当时厂家经过分析论证，决定从"下火"入手，以"怕上火，喝王老吉"作为产品的诉求点，将产品卖点聚焦在"怕上火"上面，立刻火遍大江南北。

一个卖点造就一个著名品牌！卖点太多，只会导致品牌形象混乱，消费者就不容易记住了。

**其次，卖点，也就是品牌诉求，一定要单一、明确。**

因为消费者不能同时接收很多声音，所以品牌的诉求一定要单一，形成一个声音，这样消费者才能听得清楚，对品牌形成明确的认知。例如：沃尔沃——安全；宝马——驾乘；佳洁士——没有蛀牙；六个核桃——经常用脑，多喝六个核桃……只要一个卖点，就能走入消费者的内心。

2012年3月，娃哈哈重磅推出启力饮料，但是该产品的推出并没有得到预期的反响。分析其原因，我觉得最重要的一条是：卖点太多。我们看一下该产品的卖点：喝启力，添动力；缓解体力疲劳，增强免疫力；牛磺酸、维生素饮料；喝启力，提神不伤身。

一款产品推出了四个卖点，消费者无所适从："这到底是什么饮料？能给我解决什么问题？"

可我们提到红牛呢？消费者一说起它，就知道喝红牛能够缓解疲劳，"困了累了喝红牛"嘛；而启力呢？"缓解体力疲劳""增强免疫力""提神不伤神"……似乎是要将所有的优点囊括，全能？难道真是一饮治百病，喝了启力什么问题都能解决？这显然会让消费者无所适从，市场表现也证明，这款产品并没有取得预期的成功。

所谓的卖点，只是"点"，而不是"面"，它只能让一部分人满意，不是让所有人满意。因此，很多时候，商家希望让所有消费者都满意，结果人人都不满意；希望占据所有的市场，结果总是不尽如人意。

**其三，产品卖点要"私人定制"，不能随大流，要与众不同。**

卖点越与众不同，越容易塑造品牌。娃哈哈的"启力"没有达到预期的目标，与它的卖点"贪全"有着很大的关联，本质上讲是没能突出该产品的与众不同来。

我们再看娃哈哈的其他产品，比如说营养快线，它的推广就很成功。

该产品的卖点很准，围绕着“营养”二字做文章，“15种营养，一步到位”，一推出便触动了消费者的心智。消费者通过这个卖点，明显感觉和认识到这个产品与其他产品是多么的与众不同，从而确立了该产品在消费者心目中的特殊位置。

**最后，产品只有独特卖点还不行，想要产品打动消费者，还需要放大卖点，形成独特符号。**

这里的符号并不是指产品的标识，而是指消费者想到这类产品，就想到这个卖点；想到这个卖点，就想到这个产品；卖点和产品之间画等号。比如说，宝马放大了驾乘的舒服感，沃尔沃放大了安全感，飘柔放大了柔顺功效，海飞丝放大了去屑功效……独特的卖点使这些产品成为一种符号象征，于是，驾乘舒服＝宝马；驾乘安全＝沃尔沃；头发柔顺＝飘柔；去屑＝海飞丝。

**我们提炼产品的这种独特的符号性的卖点，方法大致有两种。**

**1. 感性提炼。**

即从感性的角度或者感觉的角度去提炼。

感性和感觉能让消费者从产品本身属性产生联想，促使购买欲望和品牌联想的产生。例如：

洋河酒的广告语：“世界上最宽广的是海，比海更高远的是天空，比天空更博大的是男人的情怀。”题外话解读：纯爷们就喝洋河蓝色经典吧，不喝你就不是爷们！

海尔电器原来的广告语：“真诚到永远。”海尔销售的是家电，更是优良的服务。在消费者心里，海尔家电的记忆点就是服务，服务就是海尔家电独一无二的卖点。

**2. 理性提炼。**

可以细分为从核心技术提炼、品质提炼、原料提炼、功能提炼、历史提炼、产地提炼等。

——从核心技术提炼卖点。技术须具有超前性，不可替代性，例如 Iphone 手机、海飞丝洗发水等。

——从品质中提炼卖点。格力：好空调，格力造；乐百氏纯净水：27 层净化。

——从原料中提炼卖点。大骨面：大骨熬汤，身强力壮；仲景六味地黄丸：药材好，药才好。

——从功能中提炼卖点。你的产品是什么不重要，重要的是消费者认为你的产品是什么。把你的产品的好处提炼出来，用最直接、最生动，富有冲击力和记忆点的语言加以概括和描述，并通过最有效的途径传达给消费者。例如，加多宝：怕上火，喝加多宝；养元六个核桃：经常用脑，多喝六个核桃；冰糖雪梨：润肺止咳。

——从历史方面提炼卖点。国窖 1573：你能听到的历史 136 年，你能看到的历史 174 年，你能品味的历史 440 年。

——从产地上提炼卖点。如少林寺素饼、茅台酒、恒大冰泉，这些产品的产地本身就具有特点。

不管如何提炼，产品卖点不能游离于产品本身。卖点一定要由产品的品质、特点等做支撑，不能只停留在口号层面上，要遵循“确有其实、确有其人、确有其特、确有其途”的原则，否则就是无源之水。

例如，王老吉的产品卖点是预防上火，支撑这个卖点的是其实实在在的配料：仙草、鸡蛋花、布渣叶、菊花、金银花、夏枯草、甘草……而另一家做柠檬汁的企业，如果生产产品的原料中，柠檬微乎其微，消费者自然不会买账。

而且，要求产品的品质支撑卖点，这是经营企业最基本的要求。如果产品质量不合格，卖点再好，消费者可能尝试第一次购买，但不可能对产品形成消费忠诚度。

# 4

# 竞品胜出之道❸：打造产品群

CHAPTER

经营企业就是没有终点的马拉松，
要想获得持续成功，必须要持续地对聚焦的产品进行升级，
不断地丰富产品结构，形成“海陆空”全网作战群，
保护核心产品以立于不败之地。

## 01
## 跨越品类周期，实现产品升级

企业家都希望自己的企业靠一支产品打天下，能够持续推动企业往前发展。然而理想很丰满，现实却很骨感！没有任何一家企业能只靠一支一成不变的单品来保持基业长青。

通常，卓越企业的发展路径是——先实现单品突破，后通过持续地研发，升级产品或者创新产品，然后才有了后来的规模、地位、辉煌和成就。劳斯莱斯、宝马、奔驰、茅台、五粮液、可口可乐、加多宝……都是如此！

**产品创新力不足是一个行业发展最大的阻力，而中小企业的产品创新是一个行业的希望。**

因为中小企业要想追赶或者超越大企业，最大的可能就是依靠产品创新，通过对产品进行升级在行业中始终保持活力，由此，可以带动整个行业的持续发展。

这里，**产品升级**，对应着的是产品生命周期——导入期、成长期、成熟期、衰退期。概括起来讲，**就是一个基于品类周期并跨越品类周期的产**

**品创新，其战略轨迹是：单品突破→产品丰富→产品结构→产品更新和替代。**这也是一个企业跨越品类周期、长期而稳固地占领市场所必须遵从的原则。

由于各个生命周期的产品具备不同的特点，相应的，企业可在不同阶段采取不同的产品创新战略。

——**导入期和成长期：**通过单品突破形成主导产品、核心产品，进而塑造品牌产品；围绕主导产品或者品牌产品，丰富产品品类、规格和产品线。

——**成熟期：**围绕市场细分，推动产品持续升级，完善产品结构。

——**衰退期：**根据需求变化，推动产品更新和替代。

由于各个产品也具备不同的特点，**产品升级的聚焦战略就有不同的层级：**

**创新型、跟进型和改头换面型。**

**1. 创新型产品升级。**

何为新？潜在的、市场上还没有出现的，但根据行业、品类发展趋势或者消费者消费行为变化的趋势，预计未来几年可以流行起来的就可以统称为“新”。

创新型产品升级一定要把握好两点：产品定位要明显区别于老产品、高于老产品；产品功能要明显比市场上目前流行的产品全、方便。

因此创新型产品升级，就是在产品创新上做文章、下功夫，就是要满足消费者潜在的需求，起到引领消费、引领潮流的作用。例如，饮料行业中运动饮料的出现，如脉动、红牛等。

创新型产品升级不是一线企业专有，所有企业都可以尝试。这种产品升级创新一旦成功，不但能给企业创造丰厚的利润，而且还可以奠定企业在行业对应领域的领袖地位。

**2. 跟进型产品升级。**

企业产品升级创新，可以选择做跟随者，研究并跟随一线品牌的畅销产品推出类似新品，以满足一线品牌不能辐射到的市场消费者需求。

**其一，跟进型产品创新，是二线品牌和无品牌企业快速发展的最有效途径。**所谓跟进，就是高度模仿一线品牌目前市场上的畅销产品，通过经营成本优势和决策效率优势，来快速赚取利润。

统一企业成功开创酸菜牛肉面的市场之后，引来各大品牌竞相模仿。例如白象，也是主要跟随者之一。白象对统一“老坛酸菜”这一畅销品的跟进，对其企业的产品升级战略起到至关重要的作用——老坛酸菜口味占到了白象精炖大骨面品类总销量的50%以上。

虽然白象的口味跟进战略和康师傅的做法一样没有新意，不过，白象的渠道切割策略可圈可点。因为作为行业第一、第二的品牌，康师傅和统一主要的销售渠道是在一二级市场，白象的销售渠道却主要在农村。当统一和康师傅的酸菜牛肉面在城市市场上大战时，白象却另辟蹊径，占领农村市场，它的意图是“渠道拦截，做方便面农村市场上酸菜口味的老大”。

**从产品升级和渠道占领上，白象的老坛酸菜跟进策略可谓一招妙棋。**

当然，白象跟进型产品创新策略也有不足点。例如，一直以来，白象留给消费者的产品认知是骨汤面——“大骨熬汤，身强力壮”，但这次产品跟进没能把自己积累多年的差异化的“骨汤”卖点很好地运用到酸菜牛肉面上，仅仅作为一个跟随策略而跟随，不能不说是一个遗憾。

**其二，跟进型产品能否推广成功，最关键要看其功能和品质能否跟进。**

跟进型创新产品一上市，消费者就会将它和一线品牌产生联想，从而在消费者心目中形成一种认知：品质、功能一样，唯一不同的就是品名和包装。

例如，在加多宝和王老吉分家之前，大多数消费者喝凉茶会有两个选择：王老吉、和其正。当王老吉销售额突破100亿元后，市场上竟然没有挑战者和跟随者，于是达利集团推出和其正凉茶，做王老吉的跟随者。其品质和功能上与王老吉有没有差距？

首先，消费者曾盲测过，感觉二者口味几乎一模一样。其次，王老吉的卖点是“怕上火，喝王老吉”；和其正则除了“清火气”这个类似功能外，还推出“养元气”这个新功能。第三，王老吉、和其正的包装都是喜庆的红色，只不过前者是罐装，后者选择了瓶装。

这样一来，二者的品质和功能类似，唯一不同的就是品名和包装的定义。自然，和其正的新品推广取得了巨大成功，短短几年内年销售额做到了50亿元。

同样，面对功能饮料的爆发式增长，黑卡跟进红牛推出功能饮料也获得火箭式的发展速度；面对国内饮料市场持续增长的消费需求，今麦郎和统一合作推出茶饮料，也获得了产品的跟进型成功……

**其三，跟进型产品升级，适用于二线品牌或无品牌企业跟进一线品牌，不适合一线品牌跟进二线品牌。**

对企业和产品来说，跟进型创新是能够快速上量、缩小与强势品牌的销量差距的一大途径，但是也有缺陷，就是很难真正超越一线品牌，只算是“被跟进企业吃肉，跟进企业喝汤”的格局。

**3. 改头换面型产品升级。**

当畅销产品利润微薄或遭遇原材料大幅度涨价时，直接对老产品提价会伤害消费者感情，通常企业会做产品升级——做法就是把老产品的品质略加提升，改换包装或把包装精进，然后重新上市。

这种改头换面的做法，并不改变产品灵魂，是任何企业都可以运用的，也是目前大多数企业常用的产品升级策略——对当前畅销的不盈利产品进行简单升级，重新定位、定价，以新面目上市，满足忠诚消费者的需求。

例如，大陆消费者吃了20多年的康师傅红烧牛肉面。它从最初的1元/包提价到目前的2.5元/包，每次提价产品都有改进——调整面饼的克重，改变外包装……这种产品升级的方式，基本上都是在保持原有产品的口味特征、包装风格等因素不变的基础之上，进行了适度的调整，让产品的品质精进。

当然，该策略的优劣点分别是，适用于畅销的老产品，能延缓产品的生命周期，但属于被动型产品升级，不能彻底改变企业的利润状况，也不能改变企业在行业的地位。

## 02 大单品夺天下，产品群定输赢

想到三星我们首先会联想到三星 Anycall；

想到苹果公司我们首先会联想到 iphone 手机；

想到九阳我们首先会联想到九阳豆浆机；

想到王老吉我们首先会联想到红罐凉茶；

想到养元我们首先会联想到六个核桃；

……

这个现象背后的含义在于，企业的大单品成就了它的品牌符号。

从这一方面来看，一个企业的业绩好坏，可能不在于有多少 SKU，而在于它是否有一个成功的单品。企业的市场根基和品牌的奠定，往往以单品突破为前提。

**单品突破是竞品胜出之道的最佳攻坚战术，有破冰之效，是一个企业走向成功的起点。**

三星手机2013年在中国的销售额超过苹果手机，那时，GALAXYS4和GALAXYNoteIII在销售市场的风头甚至盖过了iphone5s，在这一年毫无疑问地问鼎了手机第一品牌的宝座。但如果没有最初引人瞩目的“三星Anycall”，可能它也不能这么快在中国市场取得突破。“三星Anycall”在中国的单品突破，奠定了三星手机在中国市场的江湖老大地位。

当年，康师傅进入大陆前，很多本土的方便面企业已经有很大的市场占有率，像华丰、南街村、科迪、幸运等。这些企业在天时、地利、人和上都占有优势，可为什么现在这些品牌都不如康师傅响亮？

其差别主要体现在单品的业绩上。当年康师傅靠“万人试吃”活动找到了“红烧牛肉面”这个具有市场潜力的产品，20年如一日坚持推广红烧牛肉面，通过这一明星产品的突破迅速“夺取了天下”。

相反，统一集团最初是以品牌概念进入中国内地的，但统一在2008年前一直没有明星产品，因此“实力很强、名头很响、销量很差、持续亏损”，甚至销量一度还不如民营集体企业起家的斯美特。作为一个默默无闻的村办企业，斯美特食品2003年前有7大系列118个单品，销售额不到3亿元，推出“精品思圆”这个大单品后，经过5年坚持推广，2008年的销售额一度超过统一。

这就是单品突破的威力！从中我们知道，**单品突破的发展战略，并不是大企业的专利，所有企业都可以尝试，尤其是中小企业。**

**中小企业，为了破除发展困局，需要在单品突破方面多做努力，而不能是对所有产品一视同仁、均匀使力。**

**——这是由企业资源决定的。**如果企业在某一阶段同时推广几支产品，资源分散不说，从经营的角度讲成本也很高；从营销的角度讲，营销人员、经销商也没有明确的推广重点，胡子眉毛一把抓，结果很可能什么也抓不到。

当然，单品突破并不是说只让企业做一个产品，而是说企业应集中所有的资源在某一阶段主推一个单品。这就像攻下一座城池，并不需要把所有城墙轰倒一样，只需集中火力打开一个缺口，就可以拿下整座城池。集中火力，才有更强的攻击力。

——这是由消费者的心智决定的。企业一亮相就想让消费者记住众多产品，很难。但是，让消费者记住一个产品并不难。要占领消费者的心智，提供太多的选择往往会适得其反。因此，即使有能力有资源同时主推多个单品，最佳方式仍然是一个接一个地推，而不是一群产品一起推。

像可口可乐那样的大企业，有着多个产品群，但是，这些企业在最初的时候也是一个产品一个产品做起来的。可口可乐的饮品有402个单品，但是所有单品都是因为可口可乐碳酸饮料单品突破成功后才活下来的。

——这是由市场结构决定的。在营销中，模仿对手通常只能骚扰对手，无法撼动对手的地位；比对手做得更好也没有突破性意义，最多获得“××第二”的荣誉，无法超越对手。

“单品突破”的“单品”不是模仿而是超越对手的主打产品，“单品突破”选择的“突破点”也应该具备以下特点：

一是对手没有满足的“潜在需求”，这往往是对手的软肋；

二是这种需求开发成功后有巨大的市场容量，因为单品突破必须有足够的销量支持。

例如，坊间曾经流传“红烧牛肉见不到牛肉，小鸡炖蘑菇见不到小鸡，方便面广告是最骗人的广告”的说法，还有消费者开玩笑地抱怨：“什么时候可以吃到和电视广告上一模一样的方便面？”

针对这一问题，统一的老坛酸菜牛肉面就改变了“好吃看不见”的问题，靠一支单品就使统一的销售额获得了爆发性增长。

**单品突破战略还要求企业的推广应“迅猛而强劲”，而不是让产品自然销售。**

“迅猛而强劲”就要求速度快，10分钟烧一壶开水通常比2小时烧一壶开水更节省能源。在半年内推广成功比两年内推广成功更节省费用。

“迅猛而强劲”还要求能够达成效果：一是在对手还来不及反击和模仿的情况下迅速取得成功；二是迅速成势。“势”既能给对手，也能给渠道和消费者以压力，从而求得快速动销。比如，在铺货中就要求“大面积爆发式铺货”，给消费者营造一种产品畅销的氛围。

**当企业依靠大单品占据市场之后，又该怎么做？**

这是期望基业长青的企业需要思考的问题。依照产品升级的战略轨迹：单品突破→产品丰富→产品结构→产品更新和替代，**已经完成单品突破的企业，接下来一步就应该是：打造有一个富有战斗力的产品群。**

就如同美国海军强大的航母战斗群，不是一群航母的组合，也不是一群小舢板的组合，而是一艘航母加众多舰艇的组合。**富有战斗力的产品群**，同样不是众多“大单品”的组合，也不是一群小批量产品的组合，而**是“大单品+小批量产品群”的组合。**

航母战斗群的航母需要众多的舰艇支持。因为航母是敌手的“眼中钉、肉中刺”，战斗力强大，本身的防卫力量却不够。炸掉航母，这个战斗群的攻击力就大打折扣。商场如战场，航母战斗群中的“航母”就好比我们企业产品群里的“大单品”，它取得突破后也很容易成为竞争对手的“靶子”，需要升级更多创新产品，形成对这一大单品的护卫力量。

为什么白酒行业经常出现“几年喝倒一个牌子”的现象？

主要是因为白酒企业靠大单品突破夺取天下后，往往没有做产品丰富的工作，使得单品承受着对手的轮番攻击。当单品退出市场时，就意味着品牌退出市场。

丰富产品、调整产品结构，打造产品群，则能有效抵御这一风险，最终真正稳固市场地位。

**1. 通过品种丰富降低产品线中主导产品的比重，尽可能地规避风险，以防出现因某一主导产品垮掉，企业倒闭的现象。**

企业产品单一，也就意味着它面临的风险更大，因为单品突破后形成的主导产品，往往会“树大招风”。比如说苹果公司，苹果的产品其实不像那么多人说的有那么多的毛病，苹果手机有的问题，其他品牌的手机也有。可大家都盯着苹果，因为它是行业标杆，大家都想超越它，都想把它赶下去，所以就不断地挑毛病。对于这种情况，企业应该做的就是不断地提升产品和丰富品种以降低企业的市场风险。

**2. 通过品种丰富创造利润。**

小批量的产品群，虽然单个销量甚至整体销量可能远不如主导的单品大，但也正是因为如此，它们不被对手关注，却能闷声发大财。这就是我们所说的“小批量赚大钱”。

“大单品”的销售和利润的困境在于，对手会围绕单品突破所形成的主导产品制定攻击政策。比如，模仿性产品会跟着上市，而且“质量可能更好，包装可能更美，价格可能更低，政策可能更优惠”。随着与对手的竞争，这一主导产品会逐步成为企业的象征性产品，虽然销量很大，但利润却很薄。

此时，企业会处于两难境地：不反击，主导产品在对手攻击之下，销量会逐步下滑；反击，销量可能保住了，但利润会出现下滑。这时，“大单品”需要其他小产品群的支持、配合与护卫，就如同航母需要其他舰艇的护卫一样。

**企业采用大单品打天下后，必须同时开展品种丰富工作，围绕已经形成的主导产品，依靠跟进型的产品创新策略，升级自己的产品群，从而在“大单品 + 小产品群”的策略下获得更强的市场生存力。**

## 03
## 优化产品结构，坐稳“江山”

有很多企业把一个单品做得非常好，可这个单品一旦出事了，企业也就只能 over 了。比如说三鹿奶粉、五谷道场方便面、健力宝饮料……它们所经营的产品出了问题，又没有其他产品支持，企业一下就死掉了。这样的案例还有很多。

为什么这些企业会出现这种问题？归根结底是产品结构出了问题。

**一个企业要想稳定地占领市场，必须做到以下两点：第一，有节奏地推广新产品，产品不断代；第二，构建合理的产品结构，产品不断档。**

我们说，现代国防都讲究“海陆空”，即在海上、陆地、空中形成多重防御，这就是军队的结构。假若这个结构没建成，就可能无法抵御其他国家的侵略。企业也是如此。一个企业如果没有合理的产业结构，就有可能遭遇对手的致命打击。

**从产品升级的策略方面来说，优化产品结构对企业胜出竞争有许多好处。**

**1. 能有效地抵御竞争对手。**

一个企业之所以能够打败竞品，实现单品突破，它本身就意味着对手的产品群有结构性缺陷，让我们找到了其薄弱环节，然后才能夺得天下。那么，问题即答案，相应地，我们为了防范潜在对手通过我们的产品结构缺陷来寻找到我们的薄弱环节，我们就得严密防范，构建合理的产品结构，让对手无从下手，坐稳“江山”。因此，合理的产品结构是企业有效的防卫体系，是抵御竞争对手最有效的手段之一。

**2. 能够合理组合产品，制定市场战略。**

单一产品往往会很容易地陷入“鱼和熊掌不可兼得”的两难境地，只有合理的产品结构才能有多元的产品组合，有产品组合才会产生市场战略。

康师傅方便面的产品结构就是比较合理的，用“大单品”拉着一批“小产品群”，因此就产生了三大组合。一线品牌的“康师傅”系列产品为主导；细分领域的品牌，“面霸120”“料珍多”“新面族”“巧玲珑”“劲拉面”“小虎队”“脆旋风”等，用来满足各类消费阶层的需求；“福满多”系列，则可以阻击二线品牌的跟进。

这样的产品结构使得企业能够游刃有余地迎接竞争对手的威胁。比如说，在战略的运用上，康师傅完全可以用“明星品牌”康师傅维护企业形象，提升企业知名度；用“战斗品牌”福满多与对手打价格战；用细分领域或区域强势的品牌创造现金流。

**3. 丰富的产品结构可以让企业有能力承担开拓市场、抵御竞争、持续增长并满足多方面消费者偏好的责任。**

企业营销有多重目标，企业无法用单一产品解决所有问题和达成所有目标，但产品结构可以使这个问题变得简单。

比如，高端形象产品的销售规模是有限的，它无法分摊成本的压力，但低端产品却具备这种能力。

双汇的产品结构就是高中低通吃型——低端产品形成规模，分摊成本，打开通路；中端产品形成现金流和利润；高端产品打造企业形象。

这样的产品结构，使得这家企业在每个产品档次上都没有软肋，对手就很难攻击。以前，双汇是高温火腿肠领域的老大，低温肉制品和屠宰环节是其弱项。现在，它已经是全品类领先，所以无论是原料价格上涨还是每个领域的市场竞争，双汇都游刃有余。

这就是产品结构的功效。一个企业的成功就意味着它必然有一系列成功的产品，只靠一支产品包打天下，推动企业持续发展的想法是不现实的。

因此，建立产品更新的长效机制比成功地推出产品更重要，只有长效机制才能保证源源不断地推出新产品。

## 04
## 持续创新带来持续购买

正所谓“产品常新，企业常青”。百年企业或百年品牌，其实是产品不断“传宗接代”的结果，因为持续创新带来持续更新，持续更新带来持续购买。

当一个产品开始走下滑路的时候，也就意味着你的产品有了替代品了。不要说别人“势利眼”，不要你的产品了。无论经销商还是二批商和零售商，都是公共资源，不属于你的垄断资源，他们肯定是哪个产品好卖就卖哪个。也就是说，产品走入衰退期，经销商、二批商和零售商与你的客情关系肯定是逐渐疏远的。在这种时候，你让经销商、二批商还有零售商推广你的新产品，那就成了你求别人了，会非常困难。

我们很多企业总是忽视了这一点，往往是等到老产品的销量下滑的时候，才想到需要替代产品了。这是因为企业老板居安思危的意识不够。

**产品的更新，不是说等老产品要退出市场时才开始，当某个产品畅销的时候，才是企业导入其他产品最好的时机。**

这个时候，你的产品是“得道产品”，是渠道商的“带路产品”、人气产品。渠道商一旦没货，他会立刻打电话给你，否则他的店里人流量就会少。这个时候你们的客情关系是最好的，无论是经销商还是二批商或零售商都会偏向于你。你将新产品放到他的店里，他就会竭力为你推销。于是新产品的市场导入就变得非常容易。这也叫借势，新产品借主销产品畅销的势。

产品更新做得好的企业，都是在产品销量最辉煌的时候、销量最大的时候、市场占有率最高的时候导入新产品，硬绑也要给它绑出去——告诉经销商：你若想经营畅销品，那么你必须把我的新产品带出去。

**消费者对产品的忠诚是有时效的，持续的创新才能换来持续的购买。**

洗发水市场一直以来竞争激烈，同质化严重，宝洁公司旗下的潘婷品牌，就曾通过不断的包装创新，带动了业务的增长。

2007 年 4 月，潘婷品牌对包装进行创新升级，这次创新并没有改变洗发水瓶子的基本形状，而是在瓶子的颜色、质地和标签设计上面下功夫，结果仅仅是包装在细节上的创新，就让潘婷获得了成功，新潘婷上市后 6 个月的销量，就比 2006 年同期增长了 14%。

在通过创新包装取得胜利后，2009 年 2 月，潘婷又通过再次创新全面改变包装。这次的创新使得原洗发水瓶子的形状发生了变化，试图给消费者带来崭新的视觉冲击力。没想到，在全新瓶装一上市后，销量又得到了显著的提升，比 2008 年同期增长了 21%。不仅如此，这次在瓶子形状上的创新进一步拉开了与竞争对手在“头发健康”上的差距，使新潘婷的竞争力更加强大。

**成功的企业或者行业，最不应该让过去的成功阻碍现在的成功。**

因为竞品正在逼近你。当加多宝在为红罐 200 亿元销售额喝彩时，和其正瓶装凉茶销售额达到50亿元；当罐装的红牛横扫中国市场时，瓶装的黑卡在悄悄地发力。

每一个企业、每一个品牌，都要提升居安思危的意识——唯有保持产品的持续创新，才能满足消费者不断变化的需求；唯有产品的持续创新、升级换代，才是企业和行业进步的发动机，也是企业获取高额利润的有效武器。

我们很多企业善于跟进或者喜欢打价格战，却不知道同质化才是价格战的万恶根源，创新才能实现行业共赢。一方面，产品的创新意味着品类标杆的树立，意味着市场细分，意味着在这个细分市场定价权的确定；另一方面，修修补补的创新解决不了行业发展问题，唯有颠覆式创新才是行业成长的保证。正如康师傅和统一在方便面市场上打价格战、近身肉搏时，台湾的张君雅小妹妹却在悄悄发力，推“手打面”“点心面”的健康、活力概念，在大陆很多城市的超市销量上取得了傲人的成绩，而且它是跟康师傅、统一同样的克重、不一样的产品形状，售价却高出4～5倍。

## 05 把普通产品打造成品牌产品

一个多年卖得不温不火的产品，换一个企业去卖，可能命运会截然相反。**市场上从不缺好产品，缺好的营销、好的运作。**

如果依靠持续创新，遵照“单品突破→产品丰富→产品结构→产品更新和替代”的产品升级战略轨迹，基本能够保证企业产品不出问题。

然而，随着一个产品销量的持续提升和企业不断地对产品进行创新、完善，**产品的突破就得完成三次飞跃，并遵循另一条升级轨迹：普通产品→主导产品→品牌产品。**

“台湾烤肠”源自台湾，20 世纪 90 年代中期即已由北京某小厂引入内地。

它本来只是一个销量极小的边缘化产品，然而到了 21 世纪初，河南某厂引进一批台湾研发人员，虽然没有推出什么新产品，倒是无意中在河南省启动了“台湾烤肠”的全面销售。如果该企业顺势启动全国市场，很可能一个肉制品新贵就横空出世了，然而该企业却只是把它当作一个普通产品对待。

当时，在双汇的众多产品中，“台湾烤肠”也是销量极小的边缘化产品。然而，当双汇看到该产品的销售在河南全面启动时，就采取了一个罕见的举措：一次采购1万台烤肠机，以收取押金的方式铺向终端。——烤肠店销售只要达到一定额度，即赠送该烤肠机给终端。

如此重大的营销举措，迅速推动了全国市场，甚至包括乡镇市场。一年之内，双汇的“台湾烤肠”的销量即达10亿元之多。

双汇在短短时间内完成了“普通产品→品牌产品”的演进，而最初启动河南市场的那家企业却在烤肠的产品演进过程中再次被边缘化。

这样的案例还有很多：

在果奶饮料行业，最初是河北的“妙恋”小有名气，后来娃哈哈进入后，对产品稍加改良，海陆空轰炸式推广，让“营养快线”成了果奶的代名词。

冰糖雪梨这个产品，最早是山东的“一支笔莱阳梨汁”和河北的“赵州雪梨汁”小有名气，后来被统一饮品发现了商机，它将梨汁配方稍加改良后以排山倒海之势推广“冰糖雪梨”，一年就创造了超过10亿元的销售额。

当然，通过营销创新、产品升级，将普通产品打造成品牌产品，不是看起来一蹴而就这么简单。其间，离不开产品升级过程的三个阶段的三次飞跃。

**第一次飞跃，好产品成为企业的主导产品，**即被企业挑出的产品完成从普通产品到主导产品的聚焦策略。实现这个飞跃后，资源由分散到集中，企业的采购成本、生产成本、营销成本都会降低，企业的现金流、正常的生产经营秩序和利润会增加。

**第二次飞跃，好产品成为行业品类中的主导产品，**即随着销量的进一步提升，它在竞争中成为市场的主导产品，逐渐形成产品群。这样的产品将进入市场占有率的前三名，甚至产生垄断。这种产品不仅自身能够产生高销量、高利润，而且能够产生高影响力。围绕这种产品，能够轻松组合出更多的产品，以至于能够形成让竞争对手无法突破的产品群。

**第三次飞跃，成为品牌，让消费者形成消费依赖。**随着销量的持续提升和企业对产品不断进行创新和完善，这种产品与竞争产品形成越来越大的差异，不仅在销量上遥遥领先，从品质和特色上来说，也让竞争对手望尘莫及，甚至望而生畏。

经营企业就是没有终点的马拉松，要想获得持续成功，从产品角度分析，必须要持续地对产品进行升级，让一个产品从普通品牌一跃而成为消费者依赖的品牌产品，这样才有可能在市场上立于不败之地。

**一个正常发展的企业，产品升级肯定是随着消费升级而升级。**除非你有绝对的实力直接培养高端产品（绝大多数企业不具备这种实力且没有永久的高端产品），或者你就是一个商人没有考虑企业的长远发展，只做低端产品，只考虑赚当时的钱。

**从普通产品到品牌产品，最重要的不是广度而是深度，**需要“钻头精神”——就像钻石油的钻头一样，选中一点，不停地去寻找有油层的地方，必能达到自己的目标。

产品聚焦，不是说打造出一支单品就等于抱着一棵摇钱树了，产品必须不断地更新递进，由普通产品上升到主导产品，再上升到品牌产品，这样才能真正地从竞争中胜出，实现基业长青。

5

# 聚焦才能“赢销”

C H A P T E R

市场从不缺好产品，缺好营销！

好营销可以将一个普通产品升级为品牌产品，

坏营销却会让一个好产品失去胜出的机会。

好产品，加上好营销，才可以让企业飞起来！

## 01 让全员都成为“推广专家”

我见过很多经营遇到困难的老板，他们问的问题很集中，频率最高的几个是：

呕心沥血研发的产品，大家都看好的产品，为什么推不动？为什么消费者不认可？为什么没有销量？

他们反映说，对此他们也曾做过市场调研，而消费者给出的答案是五花八门——有的人说产品品质不稳定，有的人说包装不好看，有的人说价格高，有的人说促销力度小，有的人说推广模式和方法有问题，有的人说渠道和产品不匹配，有的人说营销不给力……

产品究竟死在哪里？答案很多，究竟哪一个是最关键的，我们不得而知。以 17 年的一线实战经验，我给出的判断是：

**市场从不缺好产品，缺好营销。新品推广过程中最关键的点是解决人员落地的问题。**

一个产品能否推广成功，人的因素很重要。具体来说，有这么 5 个有关人的问题需要聚焦：

——企业的营销人员愿不愿意推广？

——经销商愿不愿意发货？

——二批商愿不愿意接货？

——零售商愿不愿意推介？

——消费者愿不愿意购买？

**而在人的因素中，营销人员的意愿度比能力更重要。**

老板对新产品推广充满信心和希望，并不代表营销人员对新产品充满信心和希望。如果营销人员对产品没有感觉，你让他铺货。好吧，他装一车晃一圈回来了，然后告诉你，没人要；或者他找了几个关系比较好的二批商，直接把一车货分给两个二批商或者分给几个二批商，而后放到他们的仓库里面去了，一个月之后，他就告诉老板，这个产品不能卖、不好卖，但事实是该产品只是完成了仓库转移，从厂家仓库转移到经销商仓库，从经销商仓库转移到二批商仓库，根本没有陈列到终端和消费者见面，或者货铺了但铺货率很低。结果，很多新产品不是“死”在市场终端上，而是“死”在营销人员的心中和手中。

显而易见，员工的推广意愿度是新产品推广成败的关键因素。再有特点的产品、包装再漂亮、品质再稳定、毛利再高，如果员工不愿意推就很难成功。

**因此，我们首要的是解决营销人员的意愿度问题。**要知道，只有员工全力以赴地把企业的事当成自己的事情去做的时候，产品推广成功的概率才会高。这时，企业必须搞清楚以下4个问题：

——营销人员为什么要推广新产品？

——推广新产品对他有什么好处？

——不推广又会遭受什么损失？

——营销人员如何推广？

问题即答案！针对以上 4 个方面的问题，我们要想增加产品推广成功的概率，就需要找到有效的推广方法——**打造全员推广的环境，让所有员工都成为“推广专家”。**然后借助强大的推广势头，占据市场的霸主地位，进而俘获渠道商的心。

那么，如何营造全员推广环境、让全员都成为“推广专家”呢？

**每个老板都应该掌握以下的 8 种有效方法，让营销变为“赢销”。**

**1. 鼓动造势，让营销人员有奋斗目标。**

许多成功的老板都极富鼓动性，哪怕只是一个理念，只要他开口一讲，下面的员工就会热血沸腾，像打了鸡血一样往前冲。造势就是要给员工一个信号：只要我们努力，必然能推广成功。同时，灌输给营销人员一种思想——营销只有进攻没有防守，只考虑怎么推广才能成功，不考虑推广失利后怎么办。

这时，可以用身边的事实和案例告诉其他员工或者后来的员工，推广新产品的收益远远大于老产品。想一个月收入 1 万元吗？推广新产品吧！员工相信的是自己看到的而不是老板讲的，是员工能得到的而不是公司有的。

我们可以整理许多成功案例给员工看。案例最好用影像、图片的形式展现给员工，让他们相信经过自己的奋斗也可以拥有美好的未来。

**2. 做好战前培训，不让营销人员打无准备之仗。**

即便是自己的事业，即便有高额的利润，如果不能做好推广前的准备工作，匆忙上阵，那就是只有决心，没有方法，新产品推广成功的概率依然会很低。

在推广之前，企业要力争把每个营销人员都培训成产品的“推广专家”。产品的卖点、通路价格设定、促销、渠道铺市顺序、标准化用语、标准化作业流程等必须要经过通关训练、模拟训练，通不过的就不要下市场。特别是标准化作业流程：如何铺货？如何建形象店？如何动销？一定要讲到员工听懂，会操作为止。

这样员工去做的时候，才会是产品的专家。如果消费者或者代理商一问营销人员什么都不清楚，新产品推广成功的概率就会大打折扣了。一定要记住：业务准备比资历和能力更重要。

**3. 树立营销人员推广的信心。**

要想不让产品"死"在营销人员心中、手中，有两个办法可以尝试。

一是产品大面积上市前，市场部牵头在某一个市场集中公司资源做试销，通过现场效果让员工感觉到产品能够畅销；二是强制营销人员使用新产品，同时把新产品试销的结果传达给每一位营销人员，增加他们推广新产品的信心。

推广产品的人如果信心不足，这个产品就死了一半。信心是可以传递的，经理有信心，业代必有信心，业代有信心，客户就不会犹豫。

**4. 帮助营销人员明确目标。**

员工一般不会主动去做老板强调的事情，只会去做老板考核的事情。

员工最关心的事情是自己的利益，所以，当老板将要考核的内容和员工的利益挂钩时，员工的重视程度是最高的。因为在大多数员工脑海里会有这样的认识：如果老板强调的事情是可做或者可不做的，是实验性质的，那么，我们就不妨抱着试试看的心态来推广新产品；如果老板说这件事情要考核，必须全力以赴，那员工肯定会全力以赴。

当老板全力以赴的时候，大多数员工会跟着老板全力以赴，所以要帮助营销人员明确销售目标。

◇目标分配要做到量化细分、切实可行。做到定人、定量、定市场、定奖罚。

◇目标订好后，要让营销人员一对一签订目标责任书。责任书的内容，如某某营销人员，本月的最低销售目标是多少元，共计开发几个有效网点，分别在哪几个乡镇开发；发货进度安排：本月第一周完成任务是多少，第二周是多少，第三周是多少，第四周是多少；以及完成之后如何奖罚。

◇不要小瞧这一张纸，许多老板总是习惯于把政策公布一下，说一说，就让员工去执行，结果怎么样？执行效果大打折扣。你说的员工未必能听到，听到了未必能记住，记住了未必能理解，理解了未必是你的意思。白纸黑字把目标写出来，不仅能够使员工加深印象，同时也能做到持续地刺激反应。时间长了，员工就会养成目标导向、过程管控的作业习惯。

◇责任书公示和存档。把签过字的责任书张贴到公司最显眼的公示墙上，这就等于让员工当众承诺，利用员工的好强心增加员工完成任务的驱动力。

◇做好过程管控和提醒。安排专人负责，每一天都对同一级别的营销人员进行销量排名和达成排名，最好每天晚上和早上发送排名信息。

目标的制定一定要有挑战性、可行性、不可漂移。太低的目标没有挑战性，不关注也能完成，达不到企业想要的推广效果；太高的目标缺乏可行性，员工完不成，就会想各种办法来应付，这就有可能造成前面所说的产品压在经销商库里的局面。切记，不合理的目标只会加速产品的死亡。

**5. 将薪资与新产品销量关联起来。**

对薪资制度进行改革，把奖金或工资的一半甚至更多挂靠到新产品销量考核上。重奖重罚，用金钱的力量改变营销人员的惯性行为，培养新的习惯。

目前企业营销队伍一般采用两种薪资模式：底薪 + 提成模式；底薪加 KPI 考核奖金模式。从这两种模式我们可以看出，员工的收益高低都取决于他自己完成销量的多少以及达成率的高低。这就容易造成员工抵制新产品的局面，因为对于员工来说，老产品推广的难度要远远小于新产品推广的难度。员工花费更多的精力和时间推广新产品，结果收入远远小于推广老产品的收益，必然会导致员工推广新品的意愿度降低。

员工不愿意推广新产品，是因为诱惑不够大，唯有通过利益的拉动，让员工内心充满希望，员工才会自动自发地去想办法推广。

这时，最好在设定目标底线的前提下设置坎级激励。例如，底线目标2000箱，完不成一箱负激励1元；完成2000～3000箱，每箱提成1元；完成3000～5000箱，提成每箱2元；完成5000箱以上提成每箱3元。销售的产品越多，挣得越多。制造机会让员工在推广新品过程中一夜暴富，在新产品推广中尝到甜头，形成新产品推广的习惯和积极性，才能确保新产品推广的成功。

**6. 把推广新产品作为升职的必备条件。**

能推广新产品的员工一定能推广老产品，能推广老产品的员工未必能推广好新产品。应该把新产品推广能力作为升职的必备参考条件之一，将在新产品推广过程中业绩比较好的人优先列入干部储备队伍。这样提拔起来的人，他做了领导也会带出一批能推广新产品的兵来。这就是一种良性循环，既激励了员工推广新产品的积极性，又培养了一批推广新产品的标兵。

**7. 开展新产品推广竞赛。**

展开新产品推广PK竞赛，对每个人或者每个团队的业绩进行评比，并转化成执行力考核分数，让个人荣誉和集体荣誉挂钩。

**8. 建立全员推广机制。**

从公司领导到部门经理，从管理人员到基层业务，从仓库管理员到司机，全员参与推广和考核。只为成功推广想办法，不为推广失败找理由。

影响新产品推广成功的因素有很多，产品品质、卖点、包装、价格、促销、渠道、方法等。但最重要的是推广人的意愿度。愿意推广，方法比困难多。为自己推广，能挣高薪，能体现价值，有方法，还有什么理由不成功？

## 02 搭建一起赚钱的平台

**推广不对，一切白费！**

**很多新产品不是“死”在市场终端上，而是“死”在经销商和二批商的仓库中。**

经销商是企业产品到达终端消费者之间最重要的一个环节。很多企业做新产品推广，喜欢强行压货给经销商，经销商没有方法和积极性，结果造成产品滞销；或者设置坎级发货或者二批商接货激励，即一次性发货、接货越多促销力度就越大，那么很多经销商为了获得高额促销或者返利，很多二批商为了获得大力度促销，都会不计后果大量接货，但是他们接货后没有能力分销，结果造成大量库存堆积，时间久了，经销商和二批商就会向厂家营销人员反映，你们的产品消费者不认，都压在仓库里，而后要求退货。

于是，企业就处于了两难的境地。如果不退货，就可能失去这个渠道客户和市场；如果接受退货，会带来很大的损失。而且最致命的是，那些新产品连和消费者见面的机会都没有，就“死”在了经销商或者二批商的仓库中。

更何况，经销商对新厂家、新产品大都会存有疑虑：这个产品能卖开吗？能赚到钱吗？厂家的承诺能兑现吗？后续服务如何？当这些问题萦绕在经销商的心头，就会造成他们对推广新产品的迟疑。如果企业不能解决掉这些问题，依然强行压货给经销商，经销商当然就没有推广的积极性和信心了。

以上种种涉及根本性的问题：

**是被动推广还是主动推广，是任务导向还是目标导向？**

这两种不同的选择，决定着推广人员的意愿度，决定着产品推广的成功率。为此，我们必须这样来思考问题：

——为什么老板干事业会非常卖命？

——为什么有那么多企业要进行股份制改造？

因为一个人只有干自己的事情时才会全力以赴地投入，老板是在给自己干；股份制改造也是把员工的身份从打工者变为股东，这样，他们就是在为自己做事，所以都会全力以赴地去干。

所以，我们应设法让我们的产品推广成为经销商自己的事儿。

可是，对于经销商采用股份制改造的方法显然不现实，而电影《中国合伙人》的情节可以让我们更直观地理解一个非常有效的解决经销商意愿度的方法。

所谓“众人拾柴火焰高”，企业想要做强做大少不了志同道合的合伙人，**为了提高经销商的意愿度，不妨与经销商深度合作：构建合伙人制度，搭建一起赚钱的平台。**

◇合伙人制度最经典的案例当属马云创建的淘宝。马云只需要搭建平台和设置游戏规则、准入制度，在淘宝上开店的人就都成了马云的合伙人。

无论是淘宝还是阿里巴巴，其实都是为各个店家提供一个平台，允许店家在这个平台上开店，赚钱了再交给他一些。也就是说，在这个平台上，马云帮助你赚钱的时候，自己也能赚到钱。双方互赢。淘宝上的生意谁操心？毫无疑问所有的店老板都比马云操心。

◇东风日产因为采用“牵引式营销”战略，也让经销商自动自发地变成了它的合伙人。2013年年初，东风日产提出“牵引式营销”战略，对经销商提出了激励性的商务政策——改变汽车销售行业通行的“以产定销、指标摊派”的模式，不再是给经销商压任务，要求经销商能卖多少车就提多少车，而是让经销商彻底变成东风日产的“中国合伙人”，实现“销售到消费者手中”而非“销售到经销商手中”。此举极大地改善了东风日产的产销生态——经销商因为减少了库存压力和任务压力，不再被动卖车，不再为了必须把车子推出去而降价，开始认真考虑如何把产品营销出去。结果经销商环节的销售、利润都有了提升。

◇康师傅曾经专门寻找那些能够直接为零售点服务的批发商做经销商，在一些重要城市建起配送网络。它把这类经销商称为“邮差”，双方签订协议：康师傅为经销商提供力所能及的销售支持；允许经销商在所辖片区内进行独家销售，但是不允许出现窜货、价格混乱的现象。这样，康师傅在这些城市基本上是直接和批发商做生意。由于减少了一道中间环节，它的货能够以更合理的价格和更快的速度到达消费者的手中。

我曾经服务过一个经销商，他也尝试使用了合伙人制度，结果在3年的时间内，把年销售额从800多万元提升到5000多万元。

当时，这位经销商负责的市场有16个乡镇，他在16个乡镇找了40个大的二批商签了一个合伙人协议。双方约定：二批商作为厂家的分销商，和经销商共同从厂家发货、享受出厂价格；二批商完成年度基础目标销量则享受年度返利，超过基础销量部分按照不同的产品享受不同的提成；采取排他性销售原则，即二批商代理经销商的产品之后，其他经销商的同类产品就不能代理。

这种做法的好处是：

——提升合伙人的自豪感和荣誉感；

——形成利益共同体，形同渠道垄断；

——完成任务上，由原来一个人操心变成大家一起操心；

——产品的通路价盘稳定。

这个经销商的做法，从单个产品来讲，好像利润没能增加，看似是出力不讨好。但是，从整体营销上讲，他将“二批商”捆在自己的战船上，提升了他们的荣誉感、自豪感，让他们感觉自己也是经销商，只是不从厂家进货而从经销商那里进货而已。在这种情况下，二批商自动自发地把所有的精力都放在推广所经销的品类上。试想一下，当40个二批商都如此加力销售时，经销商与厂家约定的基础销量必然能得到保证。

表面上，经销商看似赚不到钱，但是首先，厂家的返利他肯定能拿到。其次，这40家网点，虽然在现有的产品上贡献不了更多的利润，但是经销的其他产品能不能赚钱？合伙人制度建立后，二批商和这位经销商的关系越来越融洽，自然会优先代理他的其他产品。这是真正赚钱的招数。

**合伙人制度的核心是“变一个人操心为一群人操心”；其理念是“我让多少人操心，我的事业就会有多大”。**

无论哪一个产品的经销商，追求的都是利益。企业唯有将经销商拉到一辆战车上，他们才能心甘情愿跟你走。

如果我们还没有足够资源或者利益打动经销商，其实可以集全公司之力先打造一个样板市场，让经销商现场参观体验，激起经销商对产品的兴趣，对企业的初步信任。说一千道一万，不如眼见为实。当样板市场的形象及利润摆在经销商面前的时候，被打动的经销商就有可能和企业展开合作。

**这时，合伙人制度实际运行前，我们一定要先定好游戏规则：**

——准入标准：谁能成为合伙人？

——明确合伙协议条款。

——确定利益分配制度。

——厘清退出机制。

## 03 设定通路利润，不让产品烂在仓库

什么是通路？通路就是指产品从厂家生产出来流通到终端消费者手中的销售过程，也就是我们常说的流通渠道。

**通路利润是推动产品流动的最重要的手段。**

因为经销商追求利润最大化的同时，希望销量最小化；厂家追求利润最大化的同时，希望销量也是最大化。二者是一个矛盾共同体。从经销商来说，利润低就会缺乏开拓市场的积极性，这进而就影响到企业方产品市场占有率的提升。所以，企业需要制定出合理的利润分配比例，以良好的市场服务满足各个渠道环节的利润需求。这样，新产品推广才能顺利进行。

**通路利润合理设定能解决客户“接不接”货以及接货后“主不主动”卖的问题。**再有卖点的产品，客户不接货，只会烂在企业的仓库里；客户接了货不主动去推销，产品就会滞销在客户的仓库中。

**设定通路利润，有一些经验性的原则：**

◇一般来说，新品的通路利润至少是畅销品利润的 1.5 倍时，通路客户才有推广新品的积极性。

◇针对不同区域，通路利润要求是不一样的。长江以南一批商的单件利润要求是长江以北市场一批商的单件利润的 1.5 倍以上。

◇不同渠道利润要求也不一样。特通渠道（学校、监狱、矿区等）对资源的垄断性决定了它对利润的要求比常规渠道更高一些。

◇如果你的企业是二线品牌，那么，企业所设定的通路利润要高于一线品牌 1.5 倍。如此，二批商才有积极性。很多企业家在这里都会犯一个错误，他一调研发现知名品牌让二批商赚 3 元，于是他也让二批商赚 3 元。行不行？绝对不行。别人是知名品牌，又好推广，那就没什么理由要推广你的二线品牌了。

**设定通路利润，首先需要确定两个指标：售价和成本。售价和成本确定后，再根据通路的长短来分配毛利的多少。**

康师傅方便面业务的成功，可能归为 N 多种原因，但其中重要的一条是通路利润设定合理。

为了稳定通路价格，保障通路客户的利润，康师傅对方便面业务的通路价格体系进行了合理的设置。

例如，一箱红烧牛肉面三阶客户从工厂进价为 24.5 元，出货到二阶的价格为 24.5 元，但公司每箱返利 0.4 元；二阶客户从工厂或经销商进货价为 24.5 元 / 箱，出货到一阶的价格为 25 元 / 箱，单箱利润为 0.5 元；经销商与 2.5 阶经销商从工厂进货价为 24.5 元 / 箱，其出货到二阶的价格为 24.5 元，但公司每箱返利 0.2 元；根据此价格系统，各层级通路客户相安无事，均能正常运作。

在这个通路利润保障的前提下，截至2008年12月底，康师傅在全国共拥有552个营业所及84个仓库，服务5872家经销商、69096家直营零售商及97万个零售店。

**不过，康师傅在推广矿物质水的时候，通路利润设定就明显存在问题，导致的结果就是在该领域，康师傅一直是“一线品牌，二线价格，通路无利润”。**

2013年前，康师傅矿物质水在全国的零售指导价为1元/瓶，利润空间非常低。前不久，我去某省调研，发现几年前处于市场垄断地位的康师傅矿物质水已退出了当地市场。其根本原因就是通路无利润，遭到了经销商和二批商的抛弃。

毛利低、不赚钱，通路客户不愿意代理，即便代理了也没人愿意主动去推广。没有人主动推广，产品必定会死在通路商的仓库里。遇到这样的情况，康师傅为了调整产品毛利，把矿物质水瓶子越做越薄，手一拿感觉瓶子都是软的。结果它是又走了一招“坏棋”，破坏了康师傅矿物质水的产品形象，加上还是没有解决通路利润问题，最终，这个产品连续数年都没有给康师傅贡献过利润。

**这就是通路利润设定不合理惹的祸。相反，我观察到，近几年功能饮料市场上出现了一匹黑马——黑卡，它在通路利润设置上就做得很好。**

客观地讲，黑卡的产品就是跟进和模仿红牛的，二者唯一的区分就是黑卡的罐子是黑色的，红牛的罐子是红色的；黑卡的售价也和红牛一样，终端售价6元/罐。但是，因为黑卡的成本和销售费用比红牛低，设定的通路利润就非常高，所以一上市就受到很多经销商的欢迎和追捧。在通路高额利润的驱动下，经销商、二批商甚至零售商都很疯狂，整个通路上的所有成员都拼命去推广。结果，一年的时间，黑卡就进入沃尔玛、家乐福、华联等全国大型商超，在各地县城乡镇终端市场和网吧游戏厅等特通渠道也火爆上架。

于是，黑卡推广成功，自然成了水到渠成的事情。

**很大程度上，企业的通路掌控力对产品销量的提升起着决定性作用。**

通路利润设定不能太高，也不能太低。太高了，本来价值5元的产品，你愣是卖到8元，消费者自然不会买账；太低了，经销商又没有积极性。

## 04
## 全面撒网，变渠道为垄断资源

我们说，开发新市场、新网点是产品增量的最有效途径之一。

当你拥有了成熟的销售网络，在投入资源成本不增加的前提下，增加新品等于增加利润。这就意味着渠道这一公用资源变为了你的垄断资源。

当一个渠道由公用资源变为垄断资源时，你想不发展都很难！

中石油、中石化、中海油为什么有那么高的利润？因为它垄断了销售渠道！

红星美凯龙家具卖场为何有那么庞大的购买人群？也因为它垄断了销售渠道！

任何企业不管你经营什么产品，只要你垄断了渠道，你的销量和利润就必然最大化。

所以，我常说，一个企业的渠道管控能力决定着它的经营实力。

在河南郸城县，有一个经销商，他掌控了 382 个网点。他代理某个品牌的饮料，一年的销售额差不多300万元，他认为自己做得非常不错。

我们当时在他的市场做试点，一次闲聊中，我对他说：“你这个市场潜力非常大，我估计销量能很容易地再翻一番。”这个经销商很是不服气，当时就说了：“王老师，你是站着说话不腰疼。我们做这么多年了，该用的方法都用了，都无法再翻一番。”我说：“你也别跟我抬扛，你现在掌控的网点是382个，那你知不知道你们县一共有多少个网点？”

许多人统计一个县的网点总数，往往采取的方法是一个个村子的去排查。这个方法很是复杂。我们完全可以采用一个简单的方法，即用全县的人口数量除以400。一般来说，中原地区、华东地区等人口密度比较大的地方可除以335，人口密度小的地方除以400。之所以这样算，是因为在中国平均335个人或者400人拥有一个零售小店。根据这种算法，基本上就可以确定该地的网点数了。

我用这个方法给他算了一下，得出的结论是该地区大约有2000多个网点。经销商一听当时就吓了一跳，死活不信。我说：“这样吧，我们下去转转。”

于是我们俩开着铺货车转了两个镇，调研了大约有十几个村子吧。结果经销商回来之后，他什么话都不说了。因为转两个镇的时候，镇上都能见到他经销的这个产品，但是到了村里面就见不到了，而且镇上的店，一般都是大店有，小店没有。

从我们调研的这两个镇来看，他的铺货率仅有23%，还有77%没有铺。第二天他问我：“王老师，你觉得我应该怎么做才能销量上去？”我说：“很简单，考核网点数量。在这一阶段，不考核别的因素，只考核铺货网点数量，只对一个单品考核网点数量。”

现在这个经销商开始掌控网点的运作，他要求每一个营销人员负责245个网点，一天回访送货20~40个网点，最低不能低于20个，最高不能高于40个，一辆车负责两个乡镇，很快把整个县城的网络全控制了。

这样做，说句实在话，前期成本非常大，但是当他把所有网点建好以后，也就意味着他完成了100%的铺货率，效益会非常高。

事实证明，该经销商后来的一个单品就能做到年销售额1100万元。然后，他又利用建成的网络推广其他产品，同样销量提升非常快。

一个原本做了很多年，年销售额也就几百万元的经销商，现在发展到年销售额3000多万元。这就是全面撒网、掌控渠道的威力。因为用最快的速度将掌控的网络全部铺上货，整个渠道的产品就都由他说了算。

**想把公共渠道资源变成垄断资源，不妨从以下5个方面入手。**

**1. 认识掌控渠道的重要性。**

经营网络更胜于经营产品。产品是有周期的，就像人会生老病死一样；而网络是没有周期的，一旦建成，就像人吃了长生不老药似的，只要将产品放在这个网络就能活得很滋润。

渠道是做给自己的。渠道拓展是一件费力耗时又花钱的事，厂家希望经销商做，经销商希望厂家来做。大家都希望别人建渠道自己享受渠道的便利性，却忘了建渠道就像修路，路修好了奔驰、奥迪、宝马都可以在上面高速行驶。

**2. 有可控制渠道的产品。**

对一个企业来说，并不是所有的产品都是高利润的，有的产品赚名气，有的产品赚利润，有的产品只是跑量。这时，合理的产品组合就是控制渠道最有效的方法。

比如说，企业可以用跑量产品增加渠道客户黏性，因为销量最大，二批商、终端离不了，可实行排他性销售；企业还可以通过利润产品赚取利润，通过品牌产品提升形象。没有任何产品可以一劳永逸地控制渠道，所以产品的更新替代、产品的组合就尤为重要。

**3. 有合理通路利润让大家有钱赚。**

我们看生活中有些人无论做什么事都是一呼百应，为什么？不仅仅是志同道合，更重要的是跟着他“有汤喝、有肉吃”。许多赚大钱的人往往都是会分钱的高手，因为他们知道，你赋予别人的越多，你就会得到越多。

控制二批商和终端最有效的方法就是让他们持续合理地赚取相对高额的利润。企业推广新产品的时候，当你能够让经销商、二批商或者零售商赚取到更多的利润时，他们就会成为企业产品最忠实的推荐人，他们自己就不会允许其他竞品进来，这时候，企业自然把公用资源变成属于自身的垄断资源了。

**4. 通过周期性的拜访培养感情。**

感情都是交往出来的。朋友之间没事常打个电话，隔三岔五地聚一下，就是一种感情联络。如果长时间不来往，再好的朋友见了面感情也会淡下来。

交往的频度决定交往的距离，感情决定忠诚。营销人员要周期性地拜访核心售点，以增加经销商对企业的感情。例如，有事没事地应该多到经销商、二批商甚至终端市场转转，帮个小忙，做些力所能及的事情，比如整理货架、打扫卫生等，聊聊天，时间长了，大家就有感情了。

**5. 将下线变成联盟体。**

将二批商变成分销商，建立利益共同体。核心二批商销售点和你感情很好，和你是利益共同体，才会全力推广你的产品。

有利润、有感情，你完全可以与他签定排他性销售协议。这样不就把公用资源变成垄断资源了吗？

## 05 筛选网点，重点捕“优质鱼”

全面撒网只是我们营销推广的第一步。

许多新产品之所以推广失败，就是因为只制定了销量目标，没有制定网点考核指标，一味地以销量来要求营销人员，结果是营销人员建立了许多无效网点，导致新产品死掉。

还有的老板，认为只有摊子铺得越大挣钱才越多，于是拼命地鼓动营销人员多建网点。结果是建一个死一个，哪怕是重点市场，也没有什么销量。

所以，在我们业绩持续增长的视野下，进一步还得做的是：

**渠道聚焦，即筛选网点，重点捕“优质鱼”。**

不久前有一个老板，他刚上一个新品就出去“扫街”，结果发现有的店接货后一个月都没动销。他去回访的时候，经销商还有二批商等都抱怨说产品不好卖，要退货。

试想一下，出现这种情况，营销人员的心里会不会受到打击？会不会没有信心？而且铺出去的货再退回来包装受损不受损？企业的费用增加不增加？

他问我怎么办？我说：“很简单。有哪些经销商、哪些二批商、哪些网点和你的关系好，只要你一句话他们就主推你的产品的？”

他给我列举了100多家。我说：“你首先铺这100多家，其他的网点先不要铺货。”

他问：“为什么？”我说：“你先别问为什么，先铺货，并且按标准铺货。”

结果怎么样？奇迹产生了，回头率高达96%。如果还按原来扫街似的铺货，成交率50%就不得了了。

这个案例中的老板最终成功的原因何在？因为网点是经过筛选的。销售业绩归根到底取决于网点质量，营销人员不能先铺无效网点。

**我们先对优质网点的概念做一个清晰的界定：**

——接货量在企业所规定的最高接货标准和最低接货标准之间；

——陈列位置在进门90度角之内；

——单品陈列牌面同品类最大化；

——有醒目的提示（价签、POP、爆炸贴等）；

——客户把我们的产品作为首选推介目标。

这些因素中，陈列尤其重要。陈列的位置、标准如何？是单品聚焦陈列还是多品混合陈列？是横向还是纵向？这些对产品的回转都有不同程度的影响。

**在新产品推广期，渠道聚焦需要把握两个要点：**

首先要把控好网点建设的质量。主管最好能确定每一个营销人员每天开发的网点数量是多少？新网点的质量如何？是有效网点还是无效网点？对营销人员考核时，既要考核销量目标，也要考核网点目标，并且网点考核要细化、标准化。

其次，在全面撒网的基础上，重点做价值网点、销量网点。网点数量越多，质量越好，销量自然越大，所谓“重点捕鱼”，力度是核心，要么不做，要做就要做成“样板网点”！

**从全面撒网到重点捕鱼，企业需聚焦的有效网点，该怎样去识别？**

**其一，应瞄准特定市场。**

选择特定市场作为根据地，投入资源、精力和时间，建立标杆，以提升新产品推广的信心。

**这一特定市场的选择有3个指标必须考虑：**

**◇经销商的配合度和执行力。**

没有默契配合的经销商，执行力不强的经销商，实力越强配合度越差，产品推广成功的概率越低。每一个企业都需要培养一些“死士”式的经销商。他们执行厂家的指令时根本不问理由，只考虑如何执行到位。他们清楚地知道，在执行的过程中肯定有困难、有挫折、有不同的声音，但是他们认为“成功＝目标－干扰”，他们从不会因为干扰就放弃目标。

**◇所选择市场经销商的网络和客情关系。**

没有群众基础就没有根据地。客情越好，网点越多，产品推广成功的概率就越高。客情在常规渠道通路推力的作用远远大于品牌拉力。对于新产品来讲，根本就不存在品牌拉力，销售的快慢、销量的大小完全取决于店老板的产品推介，这就是渠道推力。客情关系不好，凭大力度促销即便铺上货，也不一定动销。所以，重点捕鱼要长期维持客情关系。

为什么有的人事业越做越大？因为他朋友多，并不是因为他做大了，朋友才多。做生意是一样的道理，跟你客情好关系好的网点越来越多，你的生意也就会越来越好。

◇**市场消费具有代表性。**

人口数量要有代表性，找一个几万人的县城做试点就不具有代表性和说服力；消费能力要有代表性，找一个消费能力很高的市场消费高端产品，销量大又未必有代表性，因为偏远的地区这种产品未必有销量，所以目标市场的选择一定要精准。

**其二，应瞄准特定人群。**

脑白金为什么成功？消费人群定位精准功不可没。该产品适用对象是老年人，但老年人一般不舍得花钱买。这类产品一般谁来买？年轻人，大都是年轻人表孝心买给父母的。

根据产品属性重点在某一年龄阶段的消费人群中推广，这就是岁序式推广法。

所以，我们看脑白金的广告——“送礼就送脑白金”，精准的广告语以及两个活力无限的老年人，引发了人们对该产品的想象，掀起了销售风暴。

**其三，应瞄准特定渠道。**

特定渠道“捕鱼”就是根据产品的特性选择特定渠道进行推广。

渠道的选择很有学问，我们有很多营销人员不分析产品的消费人群定位就开始扫街式铺货，结果就是有苦劳没功劳，自己感觉很委屈，努力了却没有结果。

## 06
## 新品推广，来点儿“硬手段”

新品上市，会有许多人信心不足或者不感兴趣。这时候需要企业拿出点儿“硬手段”，“强制”员工和经销商推广新产品。

我在斯美特食品任职期间，有一位老经销商到斯美特董事会告状，投诉说斯美特强制配发新产品“魔鬼辣面”，他因为拒不执行而被停货。他拒推这个新品的理由是，他负责的区域消费者以红烧口味为主，辣口味销不动。

他认为，消费者需要什么货，企业就应该发什么货。

这话乍一听，似乎很有道理，其实不然。消费者虽然以红烧口味为主，但并不代表没有人吃辣口味。消费者的口味潜在需求是需要引导的。

而且，我们的市场调研证明，在该市场消费者的口味确实发生了很大的变化，但是这名经销商3年来一直拒绝推广新产品，同时老产品又进入衰退期，销量不断下滑。

大多数经销商，由于看不到新品未来的发展趋势，只愿意销售畅销的产品，结果等畅销产品到了衰退期时，他们的生意就会一落千丈。有时候，企业推广新品采取“硬手段”的举动，其实也是帮助员工和经销商跟上企业产品调整的步伐，和企业共同成长。

和这位拒绝推广新品的经销商在同一个区域的另一个经销商，却从我们强行推广的新品中尝到了甜头。他经销的“魔鬼辣面”月销量稳定在3000箱以上。

他说，如果没有当初公司的强配政策，如果没有强制发货，经销商想卖什么就卖什么，就不会有今天成功的产品结构调整和升级，就不会有这几年越来越大的销量和越来越多的利润。

**新品推广期，为了引领员工与经销商和企业一起走向成功，可以使用以下7种“硬手段”。**

**1. 强制发货不讲人情。**

有些经销商因与营销人员关系好，提出少接新产品或者不接新产品，这时就需要营销人员坚持发货标准，强制执行公司推广计划。

为了保证新产品的推广，企业可树立阶段性推广新品的榜样并重奖。对拒不推广新品的客户或营销人员实施重罚、劝退或中止经销权。

企业的发展史就是一次次成功的产品升级过程，经销商跟上了就能持续辉煌。每一次营销人员要求经销商推广新产品，都是希望经销商获得更多的利润，和企业同步实现产品升级。可经销商中有坚决拒绝推广的，有先拒绝推广而后接受的，有立即配合企业进行新产品推广的。结果就很明了，能够持续辉煌的就是配合企业推广新产品的经销商，而我接触到的那些坚决拒绝推广的经销商目前无一例外生意都是越做越小。

**2. 解决通路客户后顾之忧。**

经销商做代理生意最直接的目的是赚钱，但在追求利润的过程中，经销商首先关注的是风险，其次才是利润。毛利再高的产品如果品质有问题，通路价格不合理，或者消费者不认可，最终只能堆在自己的仓库中过期。

为了新品推广，企业应该让经销商相信推广这支新产品没有风险，并且要形成书面承诺——按厂方要求铺货后消化不动，或者保质期内出现产品质量问题，企业包退包换。

天佑成公司合肥分公司主要经营跃康系列产品，曾在全国范围内公开招代理商。为了打消代理商、经销商们的种种顾虑和疑惑，天佑成的总经理多次作出解释和声明：

一是，跃康便携式洗车器已经卖了6年，产品质量和社会口碑已经经得起市场检验。在长三角地区60%以上的车友用的洗车器都是跃康牌的，跃康的售后服务也是周到和完善的，一旦有客户投诉，只要属于产品质量问题，均及时处理，无条件保修或退货。

二是，代理商如果实在卖不出去，可以无条件退货；代理商若想调换产品，也是可以的。

三是，如果代理商、经销商属于合作意向较高的客户，可以破例试销，也可以寄送样品，即时首次进货2台及以上，也给代理价。

这三点声明展现出了天佑成的诚信，道尽了天佑成让利于客户的决心。这样一来，代理商、经销商的疑虑便会减轻许多。

**3. 快速铺货。**

在新品推广上，强势出击，要求各省各区必须在限定的时间内把货铺到通路和终端。

“天下武功唯快不破”，新产品铺货重在一个字“快”，抢的是时间，追求的是速度，要求的是效率。就像农民收割麦子似的，抢的就是那几天，如果晚了，不是刮风下雨了，就是有部分麦粒掉地上了。试想一下，半年铺2000箱货和一个月铺2000箱货效果一样不一样？肯定不一样！影响力不一样，费用不一样，终端视觉冲击力不一样。

一般来说，新产品最好要在3个月内完成前期的铺货任务。必要的时候，企业可集中全公司优势人力、物力、财力，也可从其他市场抽调人员协助，从而实现高效、快速地铺货。

当然，为了达到这个目的，还需要企业提前做好各种准备工作，人员培训、车辆安排、产品准备、宣传资料等全都备好，不能铺货时缺三差四，都上战场了，你才发现枪里没装子弹，那就晚了。

铺货时最好先铺销量网点。通常来说网点分三类：形象网点、销量网点、死网点。死网点就是这个店人流量非常少，销售额非常少。推广新产品最先要做的是什么店？最先做的是销量网点。销量网点客情关系好，产品陈列在那里，店主肯定会用心推广。先做销量网点，新产品成活率高。假如一个县城有2000个网点，销量店有200个、300个，也就意味着你把货在这200个、300个店铺出去，它的回头率至少达50%。

**4. 考核铺货率。**

终端铺货要求铺货率，网点越多，消费者接触新产品的机会越大。网点数量决定产品回头率，有效铺货率决定销量。

终端网点铺货解决的是消费者能不能看到产品的问题，并不是说，产品送到终端就万事大吉了。为了更有效地促进市场推广，新品上市还应按照公司规定进行标准化陈列。如果陈列不合格，就有可能造成新品推广迟缓或者失败。

在这里，我还有一点要说的是，企业做产品陈列时，最好是在消费者能看得见的地方陈列，而不是刻意地陈列给消费者看。

某快消品企业新品上市时，曾对产品陈列、柜台展示提出了以下陈列标准：

——网点有一定进门的客流量。

——门口张贴不低于两张POP（卖点广告）。

——进门180度角，1米内有不低于8箱的陈列。

——整箱陈列顶部有割箱展示。

——整箱陈列上附有价签提示。

——目标货架有不低于单品6个排面陈列展示。

规定很细致，但是，在随后的市场调查中发现，有些终端并没有按此标准陈列，只是很随便地摆放在柜台上，甚至还有的都没有摆上柜台，新品直接堆放在终端的仓库里。这种行为，直接导致了新产品在该市场推广迟缓。

**“只听楼梯响，不见人下来”，新品推广，最忌讳终端不见货或者终端铺货率低。迅速亮剑，抢占市场比什么都重要。因而，在新品推广中，铺货率考核是一个非常重要的项目。**

**5. 单品突破，推广聚焦。**

**为做好这一项，需遵守这样几个原则：**

◇不在同一时期推广几个同档次产品，一次只推广一个产品，形成单品突破。

◇在第一个新产品没有过推广期时，千万不要推广第二个产品，以防两个新产品“打架”。

◇不将有限的产品铺在无限的网点上，以防终端铺货率极低。一把斧头在钢板上连砸30下，再硬的钢材，也能砸个坑，如果东砸一下，西砸一下，那就留不下痕迹。所以新品推广一定要聚焦。

◇在推广期间注重产品政策的连续性，该花的钱一分也不能省。

◇过去成功的方法会成为现在失败的理由，不要用做畅销产品的方法推广新产品。

**6. 第一个推广期内不要判产品“死刑”。**

新品推广通常来说，第一个月试销，第二个月大量铺货，第三个月补货，第四、第五个月消化，第六个月二次铺货。

新产品推广贵在坚持。通常，第三个月是波谷的谷底。这个时候通路和终端接货量会下降，这是正常的消化过程。如果此时认为产品不适应市场，主观臆断地对新产品判了“死刑”，肯定不合适。

当推广遇到阻力时，先不要怀疑产品本身，而是自问：区域首批发货量够不够大？铺货率够不够高？

如果铺货率问题都解决不了，消费者见不到你的产品，再好的产品也不可能上量。按一般规律来说，首批发货量大于 1000 件，能解决 100~200 个以上网点最基本的铺货率问题。发货量过少，消费者在终端难以见到产品，这个产品成活的概率就很小。

**7. 严格工作流程，目标、计划、培训、考核、跟踪、检核缺一不可。**

新产品推广，如果无目标、无计划、无培训、无评比、无总结、无检核，肯定没有销量。比如说，市场稽查力度一大，许多营销人员就反对，说什么营销是个良心的职业，全靠自动自发，不需要监督，还说什么“疑人不用，用人不疑”。经销商也是如此。

员工和经销商的执行力和结果是跟踪和检核出来的。不考核、不跟踪、再伟大的梦想、再好的理念、再好的方法，它都落不了地、生不了根、发不了芽、结不了果。所以，制定目标，跟踪考核，有效地监督更利于成果的达成。总之，要做到：

——试销要慢、铺货要快，做快不做慢。

——撒网要准、有效网点，做点不做面。

——建立标杆、示范效应，要点不要量。

优秀的企业会用各种标准化作业手册，使普通员工和经销商“被迫勤奋”“被迫执行”“被迫同步成长”。——**“被迫”到一定阶段，员工和经销商就会习惯性勤奋、习惯性执行、习惯性成长。**

有一年元旦，我本准备休息两天，却遇到一位合作很多年的经销商来访，遂一起品茶。其间他感慨颇多，感慨斯美特这几年的快速发展，感慨几年前他辉煌的销量，感慨金融危机对他的生意影响，感慨人情冷暖。时而亢奋，时而伤感，并对未来充满深深的忧虑。

这位经销商几年前是斯美特公司的十大客户之一，曾经月销量超过 100 万元，由于没有跟上企业产品调整的步伐，现在一个月就是十万八万的销量。原来销量不如他的经销商因为紧跟企业产品调整的步伐，现在一个月 100 多万的销量。他怎么也不能理解当初那个他看不上眼的经销商现在会超过他，他认为那是运气。

我怕受到他的感染，就给他讲了一个小故事：“一高僧手抓一只小鸟，问弟子：‘小鸟是活的还是死的？’如果你是弟子你怎么回答？”他说：“可活可死。”

“为什么？”

他回答说：“因为高僧的手决定小鸟的死活。”

“非常正确！”我告诉他，“同样的道理，你的生意、心情、幸福，好坏掌握在你的手中。没有人在意你过去月销量多少，只会关注你现在一个月能销多少。过去月销 100 万元是因为那一阶段你销的是公司的畅销产品，而且你也用心去做了。但在发展的过程中，企业的产品根据消费的变化不断地升级、更新，而你死守着企业就要淘汰的低档产品，不愿推广新产品，由辉煌走向没落，那是必然的。”

## 07 终端生动化，把竞品挤出货架

我们曾经做过采样调查，发现超市的购买行为多数属于随机购买，多数消费者并没有明确的品牌购买目标，也没有什么消费计划，往往看到什么好再临时决定买什么。

**产品的竞争体现在终端上的争夺，既要夺得消费者的眼球，更要夺走消费者的心。**

依据我们的统计数据，一个人在一个超市平均会停留 15 分钟（大卖场除外），在一个产品区域前会停留 15 秒，而 75%的人是在 5 秒内做出购买决定的，40% 的人会在货架上看不到要买的产品就转而购买别的产品。

失去的销售机会永不再来，因为一旦这次错过购买机会，就永久地失去了这一份销量（消费者不可能下次买双份产品把这次的销量损失补回来）。这样的情境下，终端的牌面大小、位置好坏、档期长短，直接影响到产品销量。为此，几乎所有的企业都能认识到终端生动化的重要性。

**“终端生动化”，就是让产品闪亮登场，更生动地展示在消费者面前，**

第一时间吸引消费者的注意力，并激发消费者的购买欲望。

然而问题是，在终端生动化问题上，很多企业是有心无力，总会遇到很多阻力。

1. 进不去，无位置。

因为陈列的位置、牌面的大小由商超、店面决定，而不是由企业决定。如果企业不能给出足够的理由，比如我们产品有更低的价格、更大的促销活动、独特的卖点、更好的服务和客情等，以获取终端客户的支持，自然陷入“进不去，无位置”的被动局面了！

只要我们能给他们那些理由，那些能带来更多人流量和更大销售额、能提升单位面积投入产出比例和产品流速的理由，就能突破阻力，拿到好的陈列位置。

2. 营销队伍的专业度和执行力不高。

由于商超系统有很多的规范和标准，商超陈列的表现一定程度上就是业务人员敬业程度的表现，是一种执行力和耐力的比拼。

企业能争取到陈列位置和空间，仅是终端生动化的第一步，接下来陈列效果的维护才是重点。如果是不熟悉商超系统运作流程和游戏规则的营销人员去运作商超业务，可能会浪费大量的费用，而更坏的结果是花了钱却达不到想要的效果。

哪一个厂家供货更及时、业务拜访更勤快、店头陈列工作更扎实，就更能保持自己固有的陈列位，并逐渐抢占竞品的陈列位。这靠的是业务人员在日常工作中时时、日日、月月、年年的不懈努力。

3. 拿到了通行证却不会陈列。

陈列最关键的就是视觉冲击力，最好的方式就是单品集中陈列。但很多企业一上去就尽可能地想把所有产品摆上货架，结果弄得有限的货架就像一张大花脸，不知道哪支产品是主销产品。这就是多花了钱，却不能促进销售的坏结果。

4. 有位置无排面。

陈列的核心法则是占有最大空间。很多企业做终端，抱着先进去再说的心态，结果在货架上只能陈列那么三两包产品。导致最后的结果是，因为一段时间内，产品销量太小，被锁码清场。

终端生动化，简单来说，是通过产品陈列实现的。陈列效果的好坏，主要与产品陈列的位置、数量、造型有很大的关系。

**你不把竞品挤出货架，竞品就会把你挤出货架。因此，产品陈列有4个重要元素需要掌握好！**

1. 抢占陈列的黄金高度。

产品货架陈列究竟摆在哪个位置更合适？根据中国人平均身高170cm测算，60~160cm为最佳陈列高度，即与视线平行的位置。

陈列位置最好属于消费者“方便看见”的高度，而且也方便拿取。

◇黄金位：60~160cm平视可见，伸手可得，出货率占50%；

◇次位置：160~180cm、30~60cm，出货率占30%；

◇上下端：180cm以上、30cm以下，出货率占15%。

◇对于儿童产品来说，最佳位置在100cm以下。

货架陈列的不同高度对销量的影响大概是：

——从伸手可取的高度换到齐膝的高度，销量会下降15%；

——从齐膝的高度换到伸手可及的高度，上升20%；

——从伸手可及的高度上升到直视可见的高度，上升30%~50%；

——从直视可见的高度换到齐膝的高度，下降30%~60%；

——从直视可见的高度换到伸手可及的高度，下降15%。

2. 产品陈列要聚焦、要上量。

常言道“货卖一堆山”，产品陈列要有量感才能引起消费者的兴趣，增加陈列面的数量将强化视觉冲击力、营造商品丰富之感，增加销量。

再好的位置如果没有一定的数量，照样达不到陈列效果。小品牌更是要这样做，没有知名度，就用量堆积，消费者会情不自禁地认为这家企业很有实力。

当然，这里的产品数量，不是将所有的产品都堆放在一起，而是**要聚焦，聚焦到某一个单品，然后做重点陈列。**这样更有冲击力，单品数量越多，陈列效果越好。

**3. 牌面之外，做好陈列提示。**

当每一家企业都在陈列牌面上下功夫时，陈列提示的作用就尤为重要。通常陈列提示包括标签、爆炸贴、跳跳卡、地贴、捆绑赠品等。陈列提示清楚、醒目，是增加购买的动力之一，既可增加产品陈列的宣传效果，又让消费者买得明白。

例如，最好标签统一将中文商标正面朝向消费者，可达到整齐划一、美观醒目的展示效果。可对同类产品进行价格比较，还可以写出特价和折扣的相应以吸引消费者。

**4. 争取架端和地堆的创意摆放。**

在货架陈列之外，单品在商超和常规渠道门店的架端与地堆，更集中、更突出地展示商品的效果最好。

不管是堆头还是地堆，堆放时，最好有造型，不是一摞一摞地放在那儿就可以了，要有创意，越美观越好。这种创意造型地堆销售力往往大于常规地堆销售力，在销售上起到事半功倍的作用。例如在书店中，图书集中码堆很常见，喜欢逛书店的朋友会发现，当某图书以醒目的造型给你视觉冲击力时，不仅充分利用了空间、美化了店堂，更是增加了你翻阅图书的兴趣，起到了很好的导购作用。

商品再好，如果失去了与消费者见面的机会，那销售的机会就为零。

终端生动化的目的就是提高产品能见度，经常出现在消费者眼前，从而进入消费者的心智，成为顾客购买该品类产品的首选品牌。

因此，在陈列产品时，要运用产品陈列的技巧，让消费者能够一眼注意到售卖产品，这是决定消费者是否购买的关键。产品的陈列要把握住“易见、空间最大化、垂直集中、重点突出、伸手可取、整洁统一、标示醒目”等基本原则。

## 08
## 5大绝招，秒杀产品促销

如果说通路利润的设置，是解决经销商发不发货、二批商接不接货、零售商愿不愿意主动推介产品的“常规”手段，那么铺货期的促销就是解决如何促使经销商、二批商、终端零售商接货，引诱消费者首次购买产品的“公关”手段。

**一切不围绕增量做的促销都是无效的！**

受推广难度和消费习惯的影响，在经销商代理产品和消费者购买产品时，不管是经销商还是消费者，他们首先会选择畅销产品，其次才会抱着尝试的心态选择新上市的产品。这时候，如果新产品促销做得好，就能很快打开市场。

某种意义上讲，促销就是抓住通路消费者占便宜的心理设置的奖励。就像福利彩票，花2元钱可能中500万元大奖，买了才有可能，不买永远没有可能。

**促销就是要给经销商、二批商、终端零售商一个接货的激励，给消费**

**者一个首次购买的激励。**

可惜，有很多老板玩了一辈子营销，却仍旧不会做促销。

曾经有一家香皂厂家的老板对我诉苦说：“我上个月花了 100 万元做促销，结果全打水漂了，没有任何效果。”

我问他：“你们是怎么设定的促销？”

老板说：“我们设定的是消费者购买 10 件产品送一个洗脸盆，购买 5 件产品送一把雨伞。”

我一听，觉得很奇怪。按理说，这个促销力度没有问题，但是为什么促而不销？为什么没达到效果呢？

经过调查，我们发现，有两家规模比他大很多的企业上一个月在同样的通路也做了跟他一模一样的促销，人家已经送过伞和盆了。终端零售商店里塞满了盆和雨伞，你再送当然没有任何吸引力了。

这家企业做新品促销时犯了两个错误：一是促销没有差异性，如果促销品和大企业一样，对方的品牌比你的强大，你的促销当然会失去吸引力；二是忽略了促销的时效性，其他大企业刚搞过一模一样的促销，如果你的企业提前或者滞后两个月搞促销，同样 100 万元就可能起到促销的效果。

**做新产品的推广也可以聚焦：**把某一个时间段内的促销费用集中在 3 个月内使用，打通通路，以排山倒海之势把产品铺向市场。其主要的目的有两个：一是缩短产品入市的进程；二是促使消费者进行初次的尝试性购买。

这时，**促销的设定需要注重——针对性、时效性、冲击力和差异化。**

**给大家介绍可以在产品促销期运用的 5 个绝招。**

**1. 用实物做促销，少用现金做促销。**

做促销是用实物好还是现金好？实物！一定要记得实物比现金好。

某次我去乡镇调研，有一个二批商一年某品牌产品的销售额达200多万元。我就问他："为什么能销售这么多？"他回答说："这个厂家很够意思。瞧，我家的冰箱、洗衣机、彩电、微波炉、空调、三轮车、自行车都是这个厂家送的。厂家对我这么好，我能不回报他吗？"

实物具有价值的放大性和隐蔽性。这就好比你给家人送礼物，你给他买了一件衣服，他每次看到这件衣服就会想起你。但是你给现金会怎么呢？他不可能看到钱就会想起你。

用实物做促销的好处在于，顾客每每看到促销品，就会想起这是某个厂家做促销时送的，无形之中加深顾客对该企业及产品的印象。

另外，实物促销可以保护产品的通路价格稳定，现金促销容易破坏设定的通路价格。

**2. 限制首批接货量，严禁新品设置坎级发货和接货激励。**

有些公司聚焦新产品推广，会设置坎级发货和接货激励——经销商发货量越大、二批商接货量越多，厂家促销力度越大。

这样做促销，目的是为了鼓励经销商大量发货，鼓励二批商和零售商大量接货。通常经销商、二批商和零售商为了拿到奖励，都拼命大量接货。因此推广期企业报表上的销量很可观，新产品推广起来很顺利。

但是，有很多企业就是这样败北的。

有一家经营小型电器的企业，为了让产品占领渠道，设置了这样的坎级接货激励：一次性进货10件，送1件；一次性进货20件，送3件；一次性进货50件，送8件；一次性进货100件，送20件。这样的坎级接货制度力度非常大，经销商和二批商等争相进货，甚至有时会出现窜货行为。

厂家推广的新产品很快进了渠道。但是3个月不到，市场上就出现了价格混乱，更有经销商不断退货。而且这时候，到了产品的销售淡季，经销商和二批商们纷纷要求企业降低进货价格。企业不同意，经销商们就不进货，因为经销商和二批商们基本上能从企业的促销力度上看出厂家可以接受的低价了。可是一旦同意降价，企业也就没有多少利润了。

企业进入了两难的境地。降价不行，不降价也不行；如果不处理，通路客户不合作了，企业的形象和信誉会受到巨大的影响，这个市场就死掉了；如果处理，就需要大量的费用。

这是不合理的坎级接货激励带来的苦果，是搬起石头砸了自己的脚。

给经销商设置新品发货量，可给经销商一定压力，增加经销商对新产品的重视程度，从而避免经销商产生销一销试试的心态。

但是，对二批商和零售商设置坎级接货量是需要斟酌的。因为，二批商和零售商是公共资源，对企业的忠诚度较差，他们关注更多的是利润。产品刚一上市，就有差价了，那么经销商、二批商、零售商为了获得奖励，彼此之间就会互相窜货。产品还没有推广开，可能价格先乱了。

**所以，对应新品推广，我们建议：**

新产品初上市，千万不要一上来就无止境地向渠道压货。新产品首次发货时，一定要限制二批商和零售商的接货量。限制首批接货量还有两个好处：一是给二批商和零售商一种错觉，认为这个新产品很畅销；二是可以增加经销商及其业务人员的信心。

每次发的货要少些，够基本的陈列就可以了，哪怕是多发几次也行，简单地讲可以少量多频次。少量多频次，可以让渠道快速地消化，从而二次进货。

等两轮铺货完成之后，再根据产品动销情况、根据对通路客户的接货量的大致了解，适当地增加通路接货量。

**3. 不做裸价销售。**

有些企业和经销商为了省心，对新产品直接实行裸价销售，即不做返利、不做促销。

这样的做法看似潇洒、看似很大牌，却犯了严重的错误。

有一次，我和山西某个老板一起下乡调研市场。有个经销商对这位老板说："我卖你的产品一年了，卖了80多万元，你今年准备奖励我什么啊？"

老板一听，急了："我给你的都是裸价，根本不赚钱，我咋奖励啊？"

经销商听了这位老板的话，一点也不相信，他认为老板太抠门了，"这老板太不够意思了，我给他卖一年了，专销，辛辛苦苦卖了80多万元的货，竟然没有任何奖励和表示？"

可我知道，老板说的是实话，他一件产品只赚0.5元，如果再给经销商奖励，他一年也白干了。可是经销商、二批商不知道，他认为自己努力了一年就应该有奖励。没有奖励了，那我以后就不推介你的产品了，就这么简单。

这个案子中的企业和经销商，都有各自的理由。但是，我觉得这位老板这么做最大的失误就是忽视了人性。虽然我们不能断言人性就是贪婪的，但是我们要明白趋利是人的天性。

想要他人经销你的产品，就要给人以利，但这个利的给予是有技巧的。在这里，裸价销售看似坦荡，却不如设置促销激励更能打动人心。就像发奖金，同样的力度，不同的方式，结果可能千差万别。比如，有些企业月度奖金全额发放，年底没有任何奖金，招致员工一片骂声；有些企业月度奖金预留10%~20%，年底一起发放，员工对企业和老板感恩戴德。发奖金和产品促销是一样的道理，方式很关键。

对于畅销的老产品，到一定时候可以裸价销售。因为产品的通路价格大家都熟悉，利润是多少，大家都有数，裸不裸价没多大关系。**新产品就不行了，**新产品的定价未经过市场的考验，还没有形成稳定的通路价盘，直接裸价会造成两个直接后果：一是通路的价盘混乱；二是导致产品快速进入衰退期。

而且，我们要知道一个事实，所有市面上的畅销产品，都不是裸价销售。

**4. 不同渠道采用不同的促销手段和力度。**

不同的渠道终端促销的方式也不相同。

对于在常规渠道（批发、零售）整箱购买的消费者来说，箱内投奖卡或实物（牙刷、毛巾、扑克、圆珠笔等）类促销效果较好；特通渠道（网吧、美容院等）采用“高价高促”直接返现金较好；在现代渠道（商超）促销，比如说方便面就以五连包作为促销单位效果较好。

不同渠道采用不同的促销手段，力度根据情况随时调整，促销才能达到目的。

**5. 提供能“诱惑人”的促销品。**

促销的终极目的只有一个，吸引消费者注意、引诱消费者购买。促销的力度和促销品的选择对促销的结果有直接的影响。

什么促销品能够诱惑人？市场流行的时尚商品！

曾经有一个饮料企业，iphone4 火爆的时候，针对二批商和零售商设置 iphone4 做促销品。

结果怎么样？下面那些二批商、零售商都疯了，为了得到一部 iphone4 手机，同品类只接这个厂家的饮料。为什么？很简单，这件促销品对于他们来说，太有诱惑力了。

我们再研究一下杜康的招商模式。杜康白酒为什么这几年成长得很快？因为它的促销品很有吸引力，促销的方式也很有吸引力。当很多白酒厂家还在用洗衣机、冰箱、空调做促销品，用赠送国外旅游做激励时，杜康设置订货 100 万元送宝马 5 系轿车一辆的促销噱头。这有没有吸引力？非常有吸引力！渠道客户的兴奋点立刻就调动起来了，很多经销商就为了得到宝马去参加订货会，100 万、100 万的下单。我们想一下，如果促销方式还是老生常谈的“订货 100 万元返利 50 万元的酒”，还能有这个效果吗？可能不行。

**同样的力度，谁的促销品和促销方式更有吸引力，谁就能达到促销的目的。**

## 09
## 像海底捞一样，打好人情牌

**销售的灵魂是什么？是感动客户！**

对很多营销人员来说，推广新产品的过程很难，因为他经常会遇到一些客户，不管他怎么讲产品多么有特点、利润多么丰厚、如何没有风险……可对方就是不接受。

我相信每一个销售经理肯定都听过下属的抱怨：“我想了很多招，对方都不理睬我啊！”这个时候，我们应该怎么回答他？

如果是我，我会问他，假设有另一家实力相当的公司也在推销跟我们的产品档次、品质、价格、利润、形象都差不多的产品，那么经销商要代理或者经销我们的产品，除了挑货以外，还要挑什么？挑感觉对的人！当客户不接受我们的产品时，怎么办？那就对人好一点，就是用你的精神、信念、服务去感动客户！

**如果你认为某个客户是产品的销售对象，不妨就做一件事：感动他！**

即使没有合作，也可以先提供服务甚至提供全方位服务。

我10多年前在一家公司做销售主管时，我们的一个销售代表开发一个渠道客户，两个月都没有开发成功。鉴于这位经销商的网络、实力和管理都是一流的，我决定亲自去试试。

见这个客户的第一面，他坐在老板椅后面，居高临下地和我说话，没有丝毫的热情。我没有谈产品，也没有谈政策，只告诉他我是谁，哪个公司的。他爱理不理地应付着我。

我真诚地对他说：“我在乡下调研的过程中发现一个现象，很多二批商都对你的管理和信誉评价极高，我想跟你学习，但我知道你生意很忙也没有时间教我。我能不能跟着你的铺货车下乡再去考察，学习学习？”

他的表情像很多人受到认可时一样，立刻热情起来：“行，你跟着去吧！”

于是，我跟着他的一辆铺货车下乡调研。这个过程中，我帮他的业务员和司机搬箱子、理货架，和二批商和终端零售商沟通。

一天下来，他的业务员和司机都成了我的朋友。傍晚回到他们的批发门市，我给他汇报我发现的问题以及建议。当时他没有任何表情，只是客套地说了声：“谢谢！”

第二天我起了个大早，到他的仓库帮工人装车，然后重复昨天的服务。晚上我又给他汇报工作，提有关网络建设及产品组合的问题。这天，他的态度明显热情了一些。

……

第三天傍晚，我又回到他的批发门市时，他热情地从办公桌后面走了出来与我握手。

第四天傍晚，他帮我倒了一杯热水。

第五天傍晚，我回来时，他早早地站在门口迎我，拉着我要请我吃饭。我说：“感谢你给我一个跟着你们的货车下去调研和学习的机会，不但帮我节省了车费，还让我学到了很多市场操作的方法，所以，应该让我请你吃饭。”

晚饭时，我也没有提任何求他代理我们产品的想法。

第六天早上，我刚到仓库，就见他在仓库门口等着。见到我，他直接就问：“你是不是找代理商的？你们公司主营什么产品？”

我详细地给他做了讲解，他听后，说：“有印象。似乎一直有一个业务员和我联系。那你觉得我能不能做？”

我说：“我是来跟你学习的。你原来已经明确表示不想做了，我现在要你做，就是强人所难啊。”

结果这位老板怎么回答？他说：“我从来没有遇见过你这么好的营销人员，我觉得跟你合作一定没错。”我说：“你还是慎重考虑一下，不能感情用事。”

但我越这样说，他就越感觉应该合作。

第七天早上，他直接打电话要求我到他的办公室，我们一起坐在沙发上商讨经销合同，他当场就决定订50万元的货。直到现在我依然和这个经销商保持着联系，是很好的朋友。

这七天中，客户的态度从冷淡到热情，从被动到主动，从一直坐在老板椅上居高临下到和我一起坐在沙发上平等地沟通交流，称呼也从开始的“王经理”变成“王兄弟”。为什么？就是因为这七天我一直在做一件事：服务，不断地帮他发现问题和提建议。

在这个过程中我没有提任何要求，而是一直表示感谢。而客户从最初的心安理得，到了最后的坐卧不宁。为什么？因为他最怕的是欠人情债。第一次对他好，他觉得没什么；第二次对他好，他心里可能就有点想法了；第三次对他好，他就会觉得欠点儿东西了，心里就会不安了……这七天，我一直在放人情债。这世界上最难还的是什么？人情债！你放的人情债越多，帮你的人就越多。

**销售的道是什么？是和客户一起成长！**帮助客户、做好服务，帮助客户提升销量、提升管理、提升影响力、超越竞争对手。经销商需要的不是指战员、不是教练！经销商能接受的是“我不会做的，你可以帮我做，教我做”。

养元六个核桃为什么做得好？因为它敢于提出一个“星级助销”的概

念：我们就是保姆，要无微不至地辅助经销商做好铺货、客户维护、终端生动化建设等工作。而且他们不遗余力地对经销商进行培训，指导他们做人员、仓储、店面经营等内部管理，从理念和方法上提高经销商的经营水平，极大地带动了经销商的积极性。

这就是帮助经销商成长，从而与经销商建立起一定的信任。

很多企业常常会给营销人员灌输一个理念：客户是我们的衣食父母，是我们的上帝。可现实是，我们有对客户像对上帝那样吗？有对客户像对父母那么好吗？

**我一直提倡一个理念：要么你不做，要么你就全力以赴地做。**

感动客户，建立信任；服务客户，建立长久信任。

当你把客户的事当自己的事去做的时候，客户肯定会感动；当一个企业始终将客户放在第一位的时候，必将会赢得客户对我们的偏爱。

中国有无数家火锅店，为什么消费者吃火锅首选来自四川简阳的海底捞？我认为它最大的特点，不是菜品多么优质、酱料多么独特，而是用优质的服务感动了无数消费者，赢得了无数消费者的心。

随着社会的发展，人们生活水平的提高，人们的餐饮消费需求也发生了变化。除了对菜品、环境的要求之外，消费者还希望在消费时得到基本的尊重、重视。也就是希望店家人员“态度好点，速度快点，面带微笑”。这些要求，很多餐饮店做不到，海底捞做到了，它的服务有许多特色。

——热情。

我第一次去海底捞吃火锅，还没有到门口，就听到一声爽朗的问候：“大哥好！欢迎光临海底捞！”门口已经有十几个人在候台，我想走时，一个20岁左右的女服务员对我说：“大哥，我帮你擦擦鞋吧！”话音刚落，她立刻蹲下认真地给我擦起了鞋。你说我还好意思走吗？

**——服务的个性化。**

产品可以标准化、大规模生产，但是服务却不能。因为每个消费者的服务需求不同。比如有的人要标准的调料，有的人喜欢自己调；有的人口味重，需要两份调料，有的人连半份都用不了；有的人喜欢自己涮，有的人喜欢让服务员给他涮。

对于消费者提出的一切合理的要求，海底捞都会满足，满足他们个性化的要求。服务的个性化是卓越服务的核心所在，海底捞做到了。

**——超越消费者的期待。**

海底捞的服务总是比消费者想的多一点，比竞争对手做的多一点，正是因为这个“多一点”，海底捞赢得了消费者的心。有一次，我领着儿子去海底捞，儿子闹着要吃冰淇淋。我承诺儿子吃过饭去给他买。谁知不到10分钟，服务员拿着冰淇淋气喘吁吁地送过来了，他是跑到500米外的小店买的！这样的服务你感动不感动？

**——真诚。**

服务就是心与心的沟通。我们有没有给客户真诚的服务，消费者其实都能够感觉得到。去过海底捞的人都能感觉得到服务员个个精神饱满、面带微笑，于是被感染了。

海底捞“变态”的服务直接颠覆了人们对“服务”的既有认识。在海底捞，消费的不是餐饮，而是对方热忱的心！每个等候区里都有免费水果、饮料、零食任你取；长发女性顾客，海底捞甚至还会为她提供扎头绳，方便用餐……每一个到海底捞用餐的人都会感慨万千，感动不已。这种超级服务带来的是什么？带来的是更多的客户及企业的发展。

其实，很多企业都有很好的产品，可是就死在服务不到位上。

**做推广，要“赢销”！**

**我们应该聚焦聚力，将我们的目光放在客户身上，全渠道听取客户声音、电话专访、实地调查、网上评测……做好服务，打好人情牌！**

6

# 锁定优势市场，打造根据地

CHAPTER

有效市场数量不断增加的过程，
市场质量不断提升的过程，就是市场聚焦的过程。
其核心是，在“根据地”获得竞争优势，
然后逐步扩大优势领域的范围，
直至取得全国性的胜利。

## 01 选定市场，“开小灶”

假如只有1桶水，但是种有10棵树，又遇上天旱了，10棵树都需要浇水。

这时你应该如何选择?

通常情况下人们会选择10棵树都浇水。因为在他们看来，自己辛辛苦苦种下的树，哪一棵都需要救啊。而结果呢，很可能是仅有的1桶水浪费了，1棵树也没有救活。

如果我们懂得聚焦理论，我们会知道，正确的做法是1桶水只浇1棵树。

同理，**每个企业的资源都是相对有限的，面向全国开发市场时，我们需要聚焦：**

——集中优势资源，率先在有优势的区域建立属于自己的根据地，获得生存的机会；

——继而在“市场根据地”积蓄力量、训练团队、总结经验，抓住机会逐步扩大“根据地”的范围；

——最后抓住契机打大规模的战役，打通“根据地”之间的连接，化被动为主动、变防守为进攻，最终实现全国性的胜利，实现全国性的领先。

**这是聚焦系统的“市场根据地”理论。**

它大致分为三个阶段——生存阶段、发展阶段、全国领先阶段。

企业要想获得相对强大的市场竞争优势，获得生存、发展的机会，需要先从两个方面入手：市场数量和市场质量。

从市场角度分析，**如果企业长期得不到发展，通常存在两种情况。**

**一是有市场数量，无有效市场。**营销人员开发能力很强，但属于“狗熊掰玉米”式的开发。前面开发，后面扔掉。只开发，不维护。或者开发的市场选择经销商质量太差，或者经销商对企业重视程度不够，开发后不能坚持每月发货，市场随时可能死掉。

**二是有市场数量，没有市场质量。**因为没有一个市场能做到占有率前三名，没有一个市场能做到“我的地盘我做主”，天天被竞争厂家追着打、赶着跑，没有一块自己的市场“根据地”。

河南的一家饮品企业丰之源，建厂10年了，可是却长期不发展。企业的老板向我求助。我简单地看了一下销售数据，就发现了问题。

该企业当时年销售额3500万元。在饮料行业，这个数字对于一个发展多年的老企业来说，确实不高。仔细分析，我发现，这3500万元是由282个市场创造的年销量总额。也就是说，该企业平均每个市场年销售额仅12.4万元。不仅如此，该企业基本上是全国遍地开花，282个市场分布在全国近20个省，远至东北黑龙江、西北新疆的库尔勒、西藏的拉萨、西南云南大理、东南福建泉州等。其中，销量最多的市场年销售额86万元。

从季节性销售来看，该企业旺季一个月销售额近600万元，但是在淡季销售额不到60万元。旺季有163个市场发货，淡季只有28个市场有销售额。

通过这些数据，我们基本上判定，该企业就是典型的“无有效市场、无样板市场”的企业，所以建厂10年也没有发展起来。

**其实企业发展的过程，就是有效市场数量不断增加和市场质量不断提升的过程，也就是一个市场聚焦的过程。**

有效市场，是指在企业限定的市场范围内，营销人员开发市场后每个月不管销量大小，能够坚持向其发货，一直合作的市场；

市场质量，是指企业是否拥有自己的大市场、自己说了算的市场。也可以称为“样板市场”：

——在铺货率、终端生动化建设、销量、新产品推广模式、人员管理与市场维护等一个或多个方面具有代表性的榜样市场。

从企业长远发展评估，市场质量比市场数量重要。但是，对发展中的企业来讲，数量和质量两手抓，两手都要硬，不同阶段数量和质量的要求的侧重点不一样：前期要数量，中期要数量和质量，后期要质量。

企业的发展归根到底是由市场质量决定的，大市场越多、样板市场越多，企业越健康、发展越快。所以，市场，要么不开发，要开发就必须活下来；要么不建设，要建设就建成“样板市场”。

**聚焦视野下的“市场根据地”理论，重要的战术之一是选定市场“开小灶”，即选定市场后集中优势兵力打歼灭战。**

对此战术，史玉柱非常推崇。他说：“集中全部人力、物力、财力，集中攻一个点，没有把握把一个城市攻下，你就别忙着打第二个城市……”当年，在该思想的引导下，“脑白金”先从江阴起步，然后打无锡，接着打南京、常熟、常州、吉林……最后成功启动了全国市场。

再强大的企业，资源配置也是相对有限的。在同一时期不可能在所有市场投入相同的资源进行市场建设。如果平均资源建设市场，哪个市场也不可能成为样板市场。在市场开发和建设上，“有所为，有所不为”才是上上策。

也许有人会说，这么做不公平。但是“开小灶”是企业竞争胜出、获得区域优势的必然选择，市场聚焦的目的本就是将有限的资源投放在限定的市场，在最短的周期内使产品市场占有率达到第一。

**因此，在选定市场时应学会判断：**

——哪些是我们利用目前的企业资源能够取得最佳成果的市场？

——哪些是需要我们暂时放弃的市场？

——哪些是我们不具备优势必须要避开的市场？

**“开小灶”的核心点是要核算、评估投入产出比。**

不久前我们提供过智慧支持服务的浙江乐源，它2012年共有1041个和企业产生业务关系的市场，但只有38个市场年销售额超过100万元，淡季很淡、旺季不旺。

对此，我们针对性地提出了建设大市场的计划和方案。从经销商合作意愿度、实力、网络、人口基数等方面综合评估，在河南、安徽、山东3个省选出一批市场“开小灶”，在人员、费用、服务上重点支持。不到一年，年销量超过100万元的市场上升为82个。在2014年上半年，这些市场都实现了爆发性的增长！

**纵观三十多年的中国企业发展史，我们发现其市场拓展路径基本符合这样的规律：**

“地头蛇式”企业→“地龙式”企业→“龙头”企业。

很多大企业都是立足生存谋发展，先集中资源重点突破，然后层层推进，积小胜为大胜，最后成为行业领先、全国领先企业。

**选定市场“开小灶”，是“市场根据地”战略的第一步。**它解决的是生存阶段企业的市场聚焦问题，为第二阶段夺取更多根据地乃至第三阶段的全国性胜利，打下基础。

**此时，选定市场，首先要明确目标市场是什么？**是针对一线中心城市市场，还是针对三四线的县、乡镇市场？

选点很重要。好比国家层面的改革开放发展战略，第一个特区若不是选在深圳，而是内陆或者西部的某一个城市，会有“深圳速度”和深圳今天的成就和影响力吗？

**其次要进行合理的市场布局和规划。**明确市场开发的节奏、速度和计划。

分步走是关键，好比我们改革开放政策的执行，先建点（深圳特区），后连片（珠三角、长三角）；先沿海，后内地；先东部，后西部……

**最后确定当前主打的“样板市场”，**把企业的现有营销资源都集中于此，寻求强力突破，要把该市场建设为企业的“根据地”，要成为当地的领导品牌。

## 02 圈定市场，“建碉堡”

再好的种子，种在石板上也发不了芽，长不成参天大树；再好的产品，如果找不准市场就只能被淘汰。

一个人只有选择一个领域后，做深做透，才能成为行家、专家；一个企业，尤其是中小企业，只有先在优势区域里成为当之无愧的第一、站稳脚跟，才有可能成为行业翘楚。

**企业间的竞争、对垒、厮杀，最终比拼的是市场优势。**

知名企业之所以强大，从市场角度分析就是因为优势市场多。因为有了优势市场，就意味着有了消费忠诚，有了品牌，有了稳定的销售额，就淡化了所谓的淡旺季，最终增强的是对竞品的打压能力。

有太多的企业喜欢把有限的资源撒在全国市场，广种薄收。如同游击战和运动战式的市场模式，所创造的销量也许在三十几个省市的总数很可观，但均摊到每一省或者小区就无法形成品牌积累，更别提消费者认知度和消费忠诚了。

**在聚焦视野下，认识企业发展的区域优势，圈定市场，壮大企业，需要的是顽强的阵地战。**

就如同围场打猎不断地缩小围猎范围一样，需要精准地制定市场建设的目标、建设类型、建设范围、建设明细、建设顺序。如果企业暂时没有能力做全国第一，就集中资源在一个省做第一；暂时没有能力在一个省做第一，就在一个地区做第一；暂时没有能力在一个地区做第一，就在一个县做第一；暂时没有能力在一个县做第一，就在一个乡镇做第一；暂时没有能力在乡镇做第一，就在农村做第一；暂时没有能力在全渠道做第一，就在某一种渠道做第一。从圈定的最有把握的这个市场出发，借助点式突破，层层推进，最终积小胜为大胜。

**这是“市场根据地”理论的精髓。**对应的还有一整套市场扩张的“战术工具”，我们可以形象地描述为：

**“扎钉子”→“拔萝卜”→“建碉堡”→“炸碉堡”。**

◇“扎钉子”，就是先打入市场，让产品站住脚。钉子扎在木板上不用工具是很难拔出来的。企业的产品要在市场销售，前提就是站住脚跟，可重点选择几个乡镇进行突破，只要扎下根来，竞品就很难把我们挤出市场。

◇“拔萝卜”，就是通过精耕细作，提升终端铺货率，使市场销量得到提升。所谓一个萝卜一个坑，货架、终端、渠道就那么多，我们占据一个是一个。最终将竞品扫出货架。

◇“建碉堡”，就是站稳脚跟了，我们在该市场有了区域优势，那么就集中资源将它建成样板市场、建成根据地，让其牢不可破。任何竞争对手去攻关，也拿不下来，真正将公用资源变成“我的地盘我做主”的垄断资源。

◇“炸碉堡”，就是开始扩张了，利用“根据地”积蓄起来的力量、训练好的团队和总结的经验，把竞品的根据地变成自己的根据地，扩大我们的优势市场领域范围。

这一套战术工具，看起来似乎“很老土”，但事实证明很有效。它打破了以往市场竞争中的速胜论或是速亡论，以步步为营的方式取得市场的成功。

关键性问题是——如何“建碉堡”，它是“市场根据地”战略的第二步，解决的是发展阶段企业的市场聚焦问题，为进一步扩大根据地奠定基础。为此，可重点从以下4个方面入手，层层推进。

1. 定目标，即确定优势市场的建设目标（类型）。

确定打造的优势市场类型，是形象样板市场，还是销量样板市场？是“形象＋销量”样板市场，还是新品推广样板市场？然后确定该样板市场的具体打造目标。企业管理是以目标为导向的，没有目标的管理全是口号。本项涉及的具体目标内容及操作细则，请参照后文——做样板就是做“势”。

2. 定区域，即圈定优势市场的建设范围。

如同军队作战时要制定作战图，根据对手的位置及优劣势来圈定作战区域，做市场聚焦开发也是如此，企业在做优势市场建设时，也要圈定市场区域。

此时，可选择购买力或经济发展水平有代表性的区域——市场规模具有代表性，市场竞争环境具有代表性，交通便利。这些方面都利于市场建设。

在中国保健品行业，康富来不是进入最早的，却是成长最快的；不是做得最大的，却是走得最稳的；不是名气最响的，却是顾客重复购买最多的。

因为康富来坚持“蚕食”和“深耕”的市场运作方式十余年，并且始终实行“进入一个市场，做熟一个市场，带动临近市场”的策略，在中国保健品一线市场的上海、江苏、浙江、广东、福建等经济发达地区闻名遐迩。

为了进一步扩大市场份额，康富来进行了大量的市场调研，认定农村市场大有前景。于是，在城市终端地位不变的基础上，康富来及时调整渠道，开始重点建设二三级市场及农村市场终端，建立了完整的二级批发商系统，市场铺货率得到了明显提高。

另外，康富来还提出了“因地制宜、因时制宜”的战略方针，对旗下的两大保健品牌康富来、“赛天仙”进行优化重组，根据其不同的适用人群，相互补充，保证市场一年四季都有康富来集团的旺销产品；并且考虑不同流通渠道的产品需求，还进行了产品自身元素的调整。如：针对一类市场与二三级市场及农村市场，将其旗下主打产品“血尔”口服液推出1、2、3、4、5、6、8、9、10瓶装，配套适应不同的销售渠道，以满足消费者的需求；针对农村消费者的消费观念和消费习惯，还制定了可浮动的价格区间和促销策略，对一些产品专门进行了有针对性的包装设计。

避开和一线城市的高手对峙，规避传播、广告、渠道费用高昂的“雷区”，康富来着手对广大农村市场进行精耕细作。这种“根据地”策略有效保证了康富来处于“进可攻、退可守”的不败之地。

**3. 定市场（开始真正“建碉堡”了）。**

**任何企业都不可能一下子把一个省或者几个省同时建成样板，不可能让所有市场实现突破。这就需要在划定的区域范围内，确定首批建设的市场。**

**确定聚焦的样板市场，一般我们要参考以下因素：**

——市场经销商在人员、仓库、配送、资金、销售网络方面，具有代表性和复制性；

——经销商配合度方面，有共同打造样板市场的强烈愿望；

——市场容量具有代表性；

——该市场对周边市场有一定影响力。

我在斯美特食品工作期间，就先决定把陕西省作为样板省份市场做建设。当时，以斯美特的实力，不足以把一个陕西省的所有区域市场在同一时期建成样板市场。

经过综合分析和评估，我们首先确定在榆林地区建立样板市场。

榆林地区下辖1个市、11个县，总人口368万人。通过分析，我们确定了在榆林市建立“销量＋形象”样板市场，在其他几个县建立“销量”样板市场。

确定市场后，我们连续3年对这些市场倾斜资源“开小灶”，到2008年榆林地区“思圆”方便面的年销量达到8200万元，超过康师傅在榆林地区的销量，成为榆林方便面第一品牌、第一销量。

榆林根据地建设成功后带动了整个陕西的发展，2009年仅陕西省“思圆”方便面年销量顺利突破了2亿元。

**4. 确定建设顺序（先后顺序）。**

市场确定后，还要根据具体情况确定建设的先后顺序。当初养元“六个核桃”在开辟河南市场的时候，先开发的是豫北市场，之后才开发豫南市场。之所以选择先开发豫北市场，是因为豫北这一块市场离企业比较近，运输成本低。

由这些企业，我们可以看出，市场开发并不是要求企业在前期整个市场全面开花，而是要根据自身情况量力而行，将资源有效聚集。

在圈定市场的战略选择上，通常都会考虑以下因素：

——选择购买力或经济发展水平有代表性的区域；

——竞品市场表现相对较弱，有机会的市场；

——市场容量（规模）具有代表性；

——产品和战略区域的匹配性（品类趋势、产品特点、利润空间）；

——交通便利。

由此确定：该市场是大众市场还是小众市场？是否具备复制性？

## 03 锁定样板，复制“根据地”

树无根不活，企业无“市场根据地”无法健康发展。

**成功建立样板市场，然后能够快速地复制，这是中国企业迅速崛起的法宝之一。**

只有稳步推进才能实现高速发展，只有先成为地方诸侯才有可能雄霸天下。中国各行各业的龙头企业，基本上是通过根据地建设、根据地复制形成的。其路径如下：

建设根据地市场→复制根据地市场→扩大根据地→地区或全国性龙头企业。

**进一步探究，我们发现“市场根据地”还可以分为三类：**

第一类，在偏远的、大企业遗忘的地域自然形成的，因为拾个漏子站住了脚跟。这样的根据地无法复制，为企业主要贡献的是稳定的销量。

第二类，靠经销商强大的市场掌控力量形成的根据地市场，非企业之力而为，同样不能复制。有些企业的根据地市场呈“孤岛”状，就是因为它们是依赖经销商的能力形成的。

第三类，是真正有价值的根据地，是企业短期内迅速建成，并且能在其他区域市场复制的市场。我们可以称之为“样板根据地”。

“样板根据地”的价值不仅仅在于一时能够为企业提供业绩贡献，更大的价值则在于它作为“样板市场”能为企业提供快速复制的模型。

可能很多人认为加多宝制胜靠的是营销，其实加多宝的成功靠的是聚焦。全公司致力于两个聚焦点，一是产品聚焦，全公司致力推罐装凉茶；二是市场聚焦，最初只做广东、福建、浙江这三个省，再后来才开始往北推进，最后到全国大市场。

企业在拓展市场时，不应盼多求全，要集中资源先做热点或样板市场。把单一的市场或区域做深做透，直至成为该市场或区域的领导品牌——不仅要做到销量第一，还要做到让消费者“认为你是品牌”，最终实现“我的地盘我做主”、全渠道进入（常规渠道、特通、现代渠道）、全品相进入（高中低产品组合），不给强大品牌留下进攻的机会。这才算是成功建成了所谓的样板根据地。

**我们可依据以下几种原则来做市场聚焦，轻松做成样板根据地。**

**1. 半径聚焦原则。**

以某一个市场为中心，向周边市场扩展。该原则适合于毛利率较低的行业和产品，假如运距过远，利润就会被运费吃掉，还不如以自身为中心划圆，先逐步建立起区域影响力。

例如生产中低档水、饮料、低档酒、方便面、膨化食品、粮食、面粉等的中小企业都可以这样做。

当初斯美特制定市场战略时，就采用了半径聚焦原则，由于当时该企业最大的生产基地在河南焦作市武陟县，便制定了以河南焦作为中心的聚焦战略，以500公里为半径，首批把河南、陕西、山西和河北邯郸、邢台作为市场建设重点。因为方便面的毛利平均在27%左右，运费对利润的影响很大，超出500公里即便有销量利润也很微薄，甚至亏损销售。

### 2. 避强就弱聚焦原则。

做企业的终极目的不是为了和竞品一较高下，而是为了创造有利润的销量。虽说有人的地方就有消费，有消费的地方就有市场，但是每个企业最好有属于自己的根据地才能做大做强。上上策是避开竞品的根据地市场，去竞品的薄弱区域开拓属于我们自己的根据地。

此外，对于空白市场来说，谁先开发就是谁的，谁销量大就是谁的根据地，与品牌知名度没有任何关系。在对手薄弱的市场“扎钉子”，任何企业都有发展起来的机会。

唯品会就是这样发展起来的。在天猫等网络巨头还未注意到的时候，唯品会推出品牌正品的限时特卖，由此确立了名品折扣市场的领衔地位。天猫想将这块蛋糕再抓到手里，已经力不从心，因为这时候包括京东、腾讯在内的网络巨头也都注意到了这块蛋糕。而且在这一市场，悄然发展的唯品会已拥有与巨头一较高下的资本。

唯品会的成功给了我们许多中小企业一个信心，哪怕你再弱小，只要精准把控客户群，聚焦所有的力量，进行点式突破，照样能壮大起来。

### 3. 先易后难原则。

市场建设过程中，不同的市场建设难度是不一样的。每个企业都想以最小的投入在最短的时间内产生最大的销量，所以不管是市场拓展还是根据地建设，最好坚持先易后难原则。

秦统一六国就是这样一个非常经典的案例。当时，七国按国力的强弱排序为：秦、齐、楚、魏、赵、燕、韩。根据各国的实力和位置，秦国开始了统一大业。我们看一下它的进攻战略图：挥师灭韩→破赵逼魏→攻破魏国→大举伐楚→占领燕地→吞灭齐国。这是一个先易后难的进军策略。

试想一下，如果当时秦不是从最弱的韩国下手，而是先进攻赵国，那长平之战的胜利不一定属于秦国，历史也可能会被改写。

市场建设也是如此。有好肉不吃，非要啃硬骨头，最终受损的是企业。也许有的老板会说，这个地方建设不成，我们就去别的地方，全中国地方大了。说是这样说，但是，你有没有想过，企业人员的信心会不会下降？经销商们还有没有信心？当所有的人员信心下降的时候，再好的产品，再好的市场也建不好。更何况，一次失败，两次失败，市场就不可能再给你尝试的机会。

常言道，“决胜在开端”。打仗之时，为什么敌我双方都要说，我们一定要初战告捷？因为这对鼓舞士兵的信心有着重要意义。哪方败了，哪方人员必定会士气下降；哪方赢了，哪方人员必定会士气高涨。

这时，就要求企业尽可能地做好市场分析，研究哪些地方的市场容易建设，哪些区域容易开发，从而打一场漂亮仗。

当然，如果企业能找到一个被大家所忽视的市场或者是挖掘出一个新的市场，那必定会初战告捷，最终步步开花。

我曾经服务的丰之源，它的“起跑线”儿童核桃乳产品上市之初，确定把长江以南作为大的市场拓展区域。因为在长江以北，特别是河南、山东、河北三省，养元六个核桃太强势了。一个微型企业一上来直接和一个巨无霸企业正面竞争，抢占市场份额就是找死。而长江以南市场很纯净。在这里，养元的市场开拓难度和起跑线一样。对于消费者来说，都是新品牌，谁先进入市场就是谁的。

所以，我们当时就确定重点在湖北、福建、浙江、江西、云南五省进行开发（注：福建有客户基础）。当很多中小企业在河北、山东、河南和养元正面厮杀时，丰之源“起跑线”核桃露悄悄地在长江以南崛起，3年的时间发展成为河南植物蛋白第一品牌，中国儿童植物蛋白饮料第一品牌。

**4. 特色产品聚焦原则。**

主要是指根据产品的特色来聚焦市场。一个产品不可能满足所有消费者的需求，特色产品更有其固定的目标消费群，因而，在市场选择和建设上，企业不能进行幻想式的扩张，最好根据产品的特色聚焦属于自己的热点市场和根据地。哪家企业的产品与市场、目标消费者契合度高，哪家企业的产品就容易占领市场。

比如说，饮料包含碳酸饮料、果蔬汁饮料、保健饮料、矿泉水饮料、乳性饮料、蛋白饮料等多个种类，企业所生产的饮料位属于哪个种类，所面对的市场及消费群就会有所不同。

再比如说，农用三轮车的市场就是在农村；儿童用药和成人用药有着不同，那么，生产儿童用药或者成人用药的厂家，锁定的市场也会不同。这些不同大都是根据产品特色而定。

**5. 特殊渠道聚焦原则。**

什么是特殊渠道？通常是指除餐饮、商超、批发等传统渠道之外的非主流通路，简称特通。比如说网吧、学校、健身房、美容院、车站、高速公路服务区、公园、酒店、俱乐部等地方都属于特殊渠道，还有像婚宴、年节团购等也属于特殊渠道的一部分。

特殊渠道聚焦原则非常适用于中小企业。中小企业因为财力有限，强行进入传统渠道，要投入大量的人力、物力，比如说，进入商超所交的入场费就是一笔不小的数目，因而，不如先从特通做起，慢慢地积累资本，当企业在这些特通有了影响力，再进入其他渠道就会相对容易些。

“怕上火，喝王老吉”，当初王老吉就根据产品特性，首选了火锅店、川菜馆、湘菜馆作为其打开市场的特殊渠道。在当时，开拓这些特通渠道的成本极低，且王老吉“怕上火”的特性极其符合该渠道的要求，因为饮食是上火的一个重要原因，特别是“辛辣”“煎炸”的饮食，而王老吉最重要的一个功能就是下火。该渠道的成功可以说是王老吉成功的所在。人们在火锅店饮用过王老吉之后，又去商超等地方购买该产品，从特通到商超，王老吉终于从局部市场——广东，走向了全国，建立起了巨大的营销网络。

在这个大数据时代里，市场的潜力是无穷的，各种新的可能性不断出现，刺激着我们，也诱惑着我们。这时，我们更要敢于舍弃、理性判断，不要忽视“聚焦”这一有效的战略决策力。

## 04
## 从一个 NO.1 到多个 NO.1

世界上最高的山峰是什么？珠穆朗玛峰。世界第二高山是什么？相信很多人不知道答案。

**做企业、做人、做市场、做产品也一样，要做就做最好，要做就做 NO.1。也许，这可以称为“珠峰理论”。**

可是，梦想是用阶段性目标堆砌的。登山的人一般都是先征服比较低的山峰，然后依次征服比较高的山峰。没有人一上去就征服珠穆朗玛峰，那是拿自己的生命开玩笑。

开发市场也一样，没有企业能一下子把全国市场都占领了。首先在小池塘里做大鱼，才有可能在大池塘里成为大鱼。

当你实力不够强大时，先做乡镇第一，再做县级第一、地区第一、全省第一、全国第一，先建好市场根据地，再扩张。

养元六个核桃在初市之时，资金并不充足。在当时的饮料市场上，各大巨头之间竞争非常厉害，养元如果在大城市与它们一较高下，只能说是“自寻短见”。要想以小搏大，必须寻找自身优势，攻击对手的弱点。经过市场调查，养元选择各大饮料巨头相对薄弱的农村市场作为开辟市场的首选地点，确立了以广大县乡农村的三四级市场为根据地，扎钉子、建碉堡，精耕细作，扎下根基，而后再逐步向二类地级市和核心城市市场渗透的市场战略。正是这个决策给了养元壮大自己的可能。

而且，先开辟农村市场，无疑降低了许多成本。毕竟，农村市场如土地、建筑成本、租金和其他营运费用都相对较低，再加上相对于其他大品牌来说，养元对农村经销商、零售商的重视，获得了他们的忠心。在各种有利的条件下，在其他大品牌忽视的地方，养元悄然成长。等到其他大品牌反应过来，养元已成功地分割了它们一部分市场。现如今来说，农村的市场依然庞大，这对于中小型企业来说，无疑是一个福音，可以有效地避开市场竞争，以找到自己的生存空间。

一个大二批商是靠众多终端零售店支撑起来的；一个大市场是靠众多大二批商的销量累加起来的；一个大区域是靠若干大市场累加起来的。

同样的道理，一个全国性的大市场是靠一个个的大省份累加起来的。

做市场就像登山，只有不断地增加乡镇市场的第一，才能实现县级市场销量的第一；只有不断地增加县级市场的第一，才能实现地区市场销量的第一；只有不断地增加地区市场的第一，才能实现省会市场销量的第一；只有不断地增加省会市场的第一，才能实现全国市场销量的第一。

## 05
## 做样板就是做“势”

样板市场的建立就是让消费者感觉到排山倒海之势，刺激购买的冲动和欲望。

**做样板就是做“势”**——市场布局之“势”、渠道覆盖之“势”、终端陈列之“势”、促销推广之“势”、团队齐心之“势”、无形之“势”。以“势”攻占市场，攻占消费者心智。

当然，样板市场的启动与打造并不是一蹴而就的事情。

**样板市场建设成功必须具备 3 个条件。**

**首先，要有顺手的武器（定产品）。**

原则上讲武器先进程度决定战争胜负与否，但武器和市场的匹配性才是决胜的关键。机械化部队在平原能充分发挥战斗力，到了山地就寸步难行，其装备形同破铜烂铁。所以选择适销对路的产品是建立根据地的必要条件之一。

比如，同样是阿迪达斯品牌店，北方和南方店内陈列的衣服却有一定的区别。北方人身材相对来说比较高大，所以服装尺码会要求更大一点，货架上服装的号码就会偏大。南方人身材相对娇小一些，所以货架上的服装号码就会偏小一些。北方冬天来的比较早，所以销售基本以冬装为主。南方夏季偏长，所以店面主要以夏装为主。

建立根据地选择聚焦产品时，需要考虑以下因素：

——在明星产品或现金牛产品中选择适合当地市场的产品；

——所选择的明星产品或现金牛产品具有一定的市场容量；

——提倡单品突破。

**其次，要有精干的战士（定人员）。**

很多产品不是死在市场上，而是死在营销人员的手中。再好的市场战略，再适销对路的产品，如果执行的人不行，照样达不到我们想要的结果。根据地市场一定要派有成功经验的精兵强将去建设，并且制定奖惩措施。

**第三，要有高明的战法（定模式）。**

战争胜负的因素中武器和指战员很重要，但战法更重要。打仗少不了三十六计，打造根据地一定要确定市场拓展的模式。

◇定渠道模式——分销模式、直供模式、混合模式；

◇定竞争模式——价格竞争、服务竞争、利润空间竞争；

◇其他新模式——结成战略联盟进行终端买断等运作模式。

**除以上“三要”之外，与经销商沟通也是一个非常重要的方面。**

与经销商的第一负责人进行沟通。企业选择沟通的人员，既要有一定的权威性，又要有一定商谈进退的空间，以便能顺利得到经销商的支持，同时又不失权威和灵活。

为了能够更好地说服经销商，企业有关人员要向经销商充分说明建设样板市场的重要意义，如提升经销商的影响力；并让经销商明晓企业产品及推广政策；同时要向经销商保证，企业相关人员会协同经销商进行样板市场的打造，并且尽力保障经销商“零风险”，没有损失，确保后期利润。

**最后，我们给样板市场做一个清晰的界定。**

样板市场按作用可分为：形象样板市场、销量样板市场、形象销量样板市场、新品推广样板市场。

样板市场按覆盖面可分为：全国性样板市场、区域性样板市场、样板街、样板乡镇、样板店等几个方面。

在这里，**我们主要说一下形象样板市场、销量样板市场、形象销量样板市场、新品推广样板市场的建设。**

### 1. 形象样板市场。

形象样板市场，通常是指在商超、交通便利的大型门店，企业为招商所需，投入一定的财力、人力与物力打造而成的样板市场。

**打造形象样板市场需以“形象店建设＋终端生动化建设”为主要考评指标。**

◇打造的标准：在大型商超或标杆型二批建设的形象店。

| | |
|---|---|
| 整箱陈列 | 陈列位置：整箱陈列在商超主通道或二批进店 90 度可视范围内。 |
| | 陈列要求：不低于 10 箱，箱体上要有醒目的价格提示。 |
| 货架陈列 | 陈列位置：在自然可视范围之内。 |
| | 陈列要求：超市不低于一节货架陈列；二批店横排不低于 6 个排面。 |
| 终端生动化 | 海报：海报≥ 4 张 / 门店（地围膜每个完整图案按一张海报计），位置要求醒目且不易被撕掉和覆盖。 |
| | 价签：货架陈列，每层不低于 2 张价签。 |

◇打造的方法：

①**设定形象网点目标数量及明细。**根据以上所设定目标、经销商客情关系、市场竞品态势、渠道特性等情况，厂商人员协商制定有针对性的促销政策，协助所设定目标的达成。

②**做好人员培训与动员工作。**培训内容主要包括形象店建设标准、促

销政策、推广术语等，每辆车人员分工与协作、拜访步骤、疑难问题解决预案、售后服务与承诺、人员激励政策、责任人员达成公开承诺等内容，形式可以选择培训会议（PPT 汇报形式）。

为了促进营销人员的积极性，可实施奖惩措施。比如说，可制定日 PK 制度（如日形象店打造数量 PK，奖惩方式可自行选择，但要当日兑现），以书面形式会签、公示。奖励要有吸引力，惩罚要有敬畏感，否则就会失去奖惩的意义。

**③遵循先易后难的原则**，先打造和经销商客情关系好的门店，提高效率和增强人员信心；可先“大”后“小”，以大店的影响力带动小店；要单品突破，放大主推品项影响力。

**④在生动化布置方面要有气势、有绝招**，以气势引导消费潮流，绝招就是选择好位置、提高被破坏成本（不易被撕去、不易被覆盖）。

形象样板市场的建设铺货很重要。切记：不是店方要多少货就给多少货，而是要告诉店方应该进多少货。只有按照铺货周期有规律地铺货，才能保证经销商既不断货也不造成货品积压。

通常来说，铺货量＝用于展示陈列产品数量＋一个拜访周期内销量的 1.2 ~ 1.5 倍。

假定一个网点用于展示陈列的样品数量为 10 件，某网点一个铺货周期（7 天）的销量为 30 件，铺货量为销量的 1.3 倍，则该网点的铺货数量为 $10 + 1.3 \times 30 = 49$ 件，为好算账取整数也就是 50 件。

最后，打造形象样板市场，整个过程都应拍摄照片存档，以方便在做总结和召开样板观摩会时使用。

### 2. 销量样板市场。

销量样板市场，是指该市场销量在企业销量中占比较高或本企业产品在该市场销量中处于同行业领先地位的市场。

**销量样板市场的打造是以“铺货率＋价值网点数量＋销量＋价格管控”为主要考评指标的，重点在于对价值网点的打造。**

◇打造的标准：

**①铺货率：**对于快消品而言，绝对的铺货率产生绝对的销量。销量样板一般选择在企业较为成熟的市场，因此要求全渠道（有同类产品售卖的所有渠道）铺货率≥95%。

**②价值网点：**价值网点指销量贡献较大的网点，包括二级分销商、大二批商、大型商超、特通等。遵循“二八法则”，20%的价值网点将产生80%的销量。因此对销量样板市场而言，要求价值网点数量≥总网点数量的20%。

**③销量：**要求达到在本企业销量排名前三或本区域销量排名第一，才具有绝对的说服力和影响力。

**④价格管控：**在企业指导价范围之内；渠道各级利润合理、稳定，渠道商有正常的推力。

◇打造的方法：

**①制定销售策略。**要讨论并制定明确的全渠道铺货率目标、价值网点打造目标、销量目标、价格管控目标，并书面通知到每一位成员。而后要根据所定目标、经销商客情关系、市场竞品态势、渠道特性等市场情况，厂商人员协商制定有竞争力、吸引力、针对性的坎级促销政策，协助目标的达成；在销量样板市场，制定政策要充分考虑各级渠道价格设定，预留好分销商或大二批商价格空间。

在这个制定政策的过程中，还要注意如下事项：

**——促销政策时效性：**对于成熟市场的成熟产品，促销政策有时效性才有紧迫感。

——坎级数量设定：销量样板不同于形象样板和新品推广样板，销量样板市场在铺货坎级数量设置上要适量放大，一般来说是平时接货量的1~3倍，成熟市场的销量是压出来的，是挤出来的，压住仓库和资金，挤走竞品份额。

——促销品的选择原则：实物、实用、名牌、增值空间大。

②做好人员培训与动员工作。培训内容主要包括：样板打造的意义、促销政策、每辆车人员分工与协作、市场问题处理、售后服务与承诺、人员PK等激励政策、责任人员达成公开承诺、士气鼓舞等内容；形式可以选择会议培训（PPT）。

为了促进营销人员的士气，可制定奖惩措施。如制定目标日PK制度（如日销量PK、日铺货网点PK等）和销量达成奖励，书面形式签发、公示。

③打造技巧与注意事项：

——销售网络划分与补充：注意经销商直供网点与分销商、二批商覆盖网点的划分与补充。

——价格管控：销量样板一般是较为成熟的市场，无论是经销商直供终端还是分销商、二批商覆盖的终端，要确保价格的一致与稳定，这是保持销量稳定、持久的基础。

同样，打造销量样板市场，在铺货的同时应建立网点档案，统计辖区所有网点，并将所有网点分类标识管理。

### 3. 形象销量样板市场。

形象销量样板市场，主要是指铺货率高、形象网点多、销量大的市场。既要形象展示，又追求销量目标，是样板市场中要求最高的一种。

**形象销量样板市场以“铺货率＋形象网点建设数量＋价值网点数量＋销量”为主要考评指标。**

◇打造的标准：

①**设定渠道铺货率**：要求≥95%；

②**形象店打造**：数量≥有货网点的30%；

③**制定形象店的量化标准**（根据行业产品特点而定）：

| | |
|---|---|
| 整箱陈列 | 陈列位置：整箱陈列在商超主通道或二批进店90度可视范围内。 |
| | 陈列要求：不低于10箱，箱体上要有醒目的价格提示。 |
| 货架陈列 | 陈列位置：在自然可视范围之内。 |
| | 陈列要求：超市不低于一节货架陈列；二批店横排不低于6个排面。 |
| 终端生动化 | 海报：海报≥4张/门店（地围膜每个完整图案按一张海报计），位置要求醒目且不易被撕掉和覆盖。 |
| | 价签：货架陈列，每层不低于2张价签。 |
| | 价值网点：价值网点指销量贡献较大的网点，包括二级分销商、大二批商、大型商超、特通等网点。遵循“二八法则”，20%的价值网点将产生80%的销量，因此对销量样板市场而言，要求价值网点数量≥总网点数量的20%。 |
| | 销量：要求销量目标达到本企业月度销量排名前三或本区域月度销量排名第一，才具有绝对的说服力和影响力。 |

◇打造的方法：

将形象样板和销量样板市场的打造方法相融合。

#### 4. 新品推广样板市场。

新品推广样板市场是指新产品推广在铺货率、终端生动化建设、消费者促销、销量、产品动销、价盘控制等方面均在本企业或本区域市场中有示范和带动作用的市场。

新品推广树立样板市场尤为重要，可为企业营销人员及区域经销商树立榜样，封堵退路，推进新品推广速度和进度。

**新品推广样板市场以“主销渠道铺货率+样板街道/乡镇建设+终端动销和回转”为主要考评指标。**

◇打造的标准：

①**主销渠道铺货率**：在产品设定的主要推广渠道铺货率≥80%；新品

上市并非所有网点都要铺货，应首先在主销渠道的价值网点（位置好、目标消费者客流量大）进行铺货，引导消费；如果首先在一些客流量和生意不太好的网点铺货，首轮铺货在一定的时间内消化不掉，就会导致产品日期老化，产生退货、调货的风险，会给消费者造成一种产品不好卖的认知以及该网点“死亡”的风险。

**②样板街/乡镇：**铺货率≥90%，形象网点≥铺货网点40%，目标网点POP张贴率100%。

**③制定形象店的量化标准**（根据行业产品特点而定）：

| | |
|---|---|
| 整箱陈列 | 陈列位置：整箱陈列在商超主通道或二批进店90度可视范围内。 |
| | 陈列要求：不低于10箱，箱体上要有醒目的价格提示。 |
| 货架陈列 | 陈列位置：在自然可视范围之内。 |
| | 陈列要求：超市不低于一节货架陈列；二批店横排不低于6个排面。 |
| 终端生动化 | 海报：海报≥4张/门店（地围膜每个完整图案按一张海报计），位置要求醒目且不易被撕掉和覆盖。 |
| | 价签：货架陈列，每层不低于2张价签。 |
| | 价值网点：价值网点指销量贡献较大的网点，包括二级分销商、大二批、大型商超、特通等网点。遵循“二八法则”，20%的价值网点将产生80%的销量，因此对销量样板市场而言，要求价值网点数量≥总网点数量的20%。 |
| | 销量：要求销量目标达到本企业月度销量排名前三或本区域月度销量排名第一，才具有绝对的说服力和影响力。 |

**④终端动销和回转：**动销是指产品在终端完成铺货和陈列后，仅凭产品陈列、产品形象、终端生动化布置而不通过人为推介可实现产品销售。回转指消费者经初次尝试购买后，凭借产品口味、口感、质量、包装、功能等指标拉动消费者重复消费的行为，回转率最低要求≥30%，越高越好。

◇打造的方法：

**①进行新品品评及产品解读。**新品到货后，企业营销人员一定要组织经销及业务人员做新品品评，根据产品竞品定位也可和竞品做盲测对比，让经销商及其业务人员深入了解新产品自身的质量、特点、卖点、竞争力等基本情况，其目的就是了解产品、提升信心、听取建议。

**②制定明确的铺货率目标、样板街/乡镇打造目标**（计划打造的样板街/乡镇在市场图上用绿色旗帜标出）**并根据目标制定可行性方案。**

新品上市企业一般会制定统一的上市推广方案，并预留一定的推广费用，营销人员可结合经销商及业务人员的现实问题，对市场网络情况、客情关系、竞品状况、推广目标等因素做进一步的细化和强化，设定铺市渠道、铺货数量、铺货率目标，宣导形象网点建设标准。

新品推广要有气势，力度可适当加大。推广前期一般由厂商共同拿出推广力度，经销商在推广前期要适当降低预期利润，加大推广力度，以加快产品入市进程。

**③对于钉子户，可增加拜访频次**，一个月不低于5次；动用其他资源攻坚，如经销商亲自出面、政府职能机关朋友协助、门店房东协助、其他同类商户的协助等，逐个攻坚钉子户；感情投入，感动客户。

**④二批启动与订货：**二批就像银行，一般只“锦上添花”，不“雪中送炭”；但二批确实可以放量、帮助深度分销；在终端铺货、生动化建设完成、产品有正常动销和回转的时候，启动二批比较容易，如果产品动销回转较好，甚至会有二批商主动联系分销。

**无论打造哪类样板市场，一定要做好提前准备工作。**提前将产品库存、促销品、所需物料、陈列协议、网点档案管理表等配套用品准备充分。

**并在打造样板市场的实施过程中管控。**每日晨会定目标、定计划、鼓舞士气，晚会汇报日目标达成情况、遇到的问题、商讨解决问题的方案、建议的反馈与收集、公布并兑现日PK结果、拟定次日行动计划；晨会、晚会要求经销商第一负责人和企业区域营销负责人必须参加。最好定好区域、线路、人员，将各目标分解到区域、线路、每辆车、每个人，建议每辆车至少3个人（司机+经销商业务+企业营销人员），人员一多，不仅可增加大家的信心、提升士气，同时也是对新产品的一种造势。

**样板市场打造完成后，**经销商、企业区域营销负责人要对样板市场的打造成果进行验收；做得好的要给予肯定和表扬，不足之处要及时指出，加以指导和完善。

**全部目标样板市场打造完成后，**要在地图上用红色旗帜标识，表明该街道或乡镇的形象样板打造已经完成。

**最后，召开总结和表彰会议。**总结成功经验共同分享，吸取失败教训共同成长；同时郑重兑现达成正激励和未达成的负激励，以鼓舞先进团队，鞭策后进团队。

## 06 做样板的 4 步动作、3 种工具

样板市场的启动与建设，虽说是一个纷繁复杂的过程，但是只要掌握一定的方法还是能做到高效地完成任务。想要化繁为简，只要掌握以下 4 点即可。

1. 召开晨会，传达工作目标。

在样板市场建设过程中，建议每天早晨上班时都要召开晨会，从而确定并传达每日工作目标，然后分组细化目标到人。同时，还要检查营销人员的准备工作是否做好，如宣传册、POP、促销礼品、客户服务卡、笔、铺货协议书、线路地图、网点登记表等。

再次进行一下简单的培训，给大家鼓鼓劲，明确目标与责任，让当日作业进展更顺利。

开晨会时间要短，不宜超过 30 分钟；为了有效开展工作，样板打造期间，上午上班时间宜提早 30 分钟。

2. 进店拜访，8 大动作分解。

我们首先要提的是可口可乐公司营销人员的拜访动作。

可口可乐公司的营销人员，每天都严格按照拜访8步骤工作：

做好准备；问候客户；生动化陈列；库存检查；销售确认；确认订单；离店致谢；跟进行动。

每个可口可乐员工手里都拿着个包，里面有毛巾，随时就能拿出来擦一擦、摆一摆，其目的就是确保顾客买到的是外观整洁、卫生的产品。补货时，他们会将店铺内库存的产品放在前面，而新进的产品放在后面，即先进先卖，杜绝产品过期的现象出现。可口可乐公司营销人员的这种做法备受经销商们的欢迎。

**在这里，我也为“企业赢销”制定了一个进店拜访动作分解，大家可按如下步骤进行：**

（1）进店前的准备：整理服装仪容、检查店内外海报、海报更新与张贴；

（2）进店后良好的开场白：找出适当位置与时间和终端客户交谈；

（3）货架排面库存检查：货架上存货盘点，仓库存货盘点，堆头或特殊陈列区检查；

（4）理货：使自己的产品陈列在有更多销售机会的位置。检查客户库存，运用先进先出原则作库存调整；记录即期品数量、货龄；未上货库存整理、封箱；

（5）销售补货：根据产品库存向客户提出专业订单建议；

（6）促销产品铺货：介绍公司样板打造的活动，主推产品，确定今日订单；

（7）异议处理：对即期品向店主提出建议或给予调换，对职权范围内的客户异议给予客户清晰的答复；

（8）行政作业：POP检查、补充；了解竞品促销信息并记录；最后道别，告知下次拜访日期。

**3. 铺货中的5种注意事项。**

（1）铺货时，要严格按铺货方案进行操作，各类人员各司其职；

（2）在铺货过程中遇到自己职权范围内无法解决的问题，不允许私自做主，必须请示上级；

（3）铺货中一定要约定所有终端尽量统一价盘；

（4）所有人员必须遵守铺货过程中的纪律，如有违反，必罚无疑，以确保整个铺货队伍的纪律性，行动统一性；

（5）同时，所有人员还要注意作业中的礼仪形象，以树立良好形象、增强客户信心。样板打造过程中一定要经常做计划、总结和培训，确保样板打造工作顺利进行。

**4. 收集反馈信息，做好工作总结。**

建议相关负责人每天都要召集参与样板市场建设的人员开会，以检查总目标的完成情况及每组目标完成情况，并分析原因，以便于第二天掌控计划进度。

进行样板市场建设，肯定会遇到各种各样的困难和问题，出现这种现象是正常的，毕竟这是一个不断磨合的过程，但最重要的是，各组都要及时汇报作业过程遇到的困难，大家集思广益，找出解决的办法，并且互相学习，借鉴其他各组成功的经验。

有关负责人还要统计建设终端各类网点建设家数及相关图表数据；在地图上及时注明已铺网点的线路，以便于推广工作的跟进。

另外，企业在进行样板市场建设的时候，一定要建立良好的信息反馈和沟通机制，并形成制度化。所有参与人员必须手机开通，总负责人还要时时将工作进度及建设情况以电话或邮件的形式汇报给总公司。要做到营销人员、负责人、公司三者之间时时信息畅通，以便于下一步工作的进行。

**在通路实施的过程中，建议大家准备必要的 3 种工具。这有助于项目的执行。**

**1. 一张图：**销售网点分布图。

根据掌握的销售网点资料，包括批发商、零售点，在地图上明确标示出来，并编号。

**2. 一条线：**根据分布图，设定业务工作区域、业务工作线路。

在工作区域、路线上根据分布图标示该线网点位置、客户编号、拜访频率。

客户地略图及线路图

年度 2014 区域 郑州市二七区 地区代码 **-** 路线 ** 业务员 ***

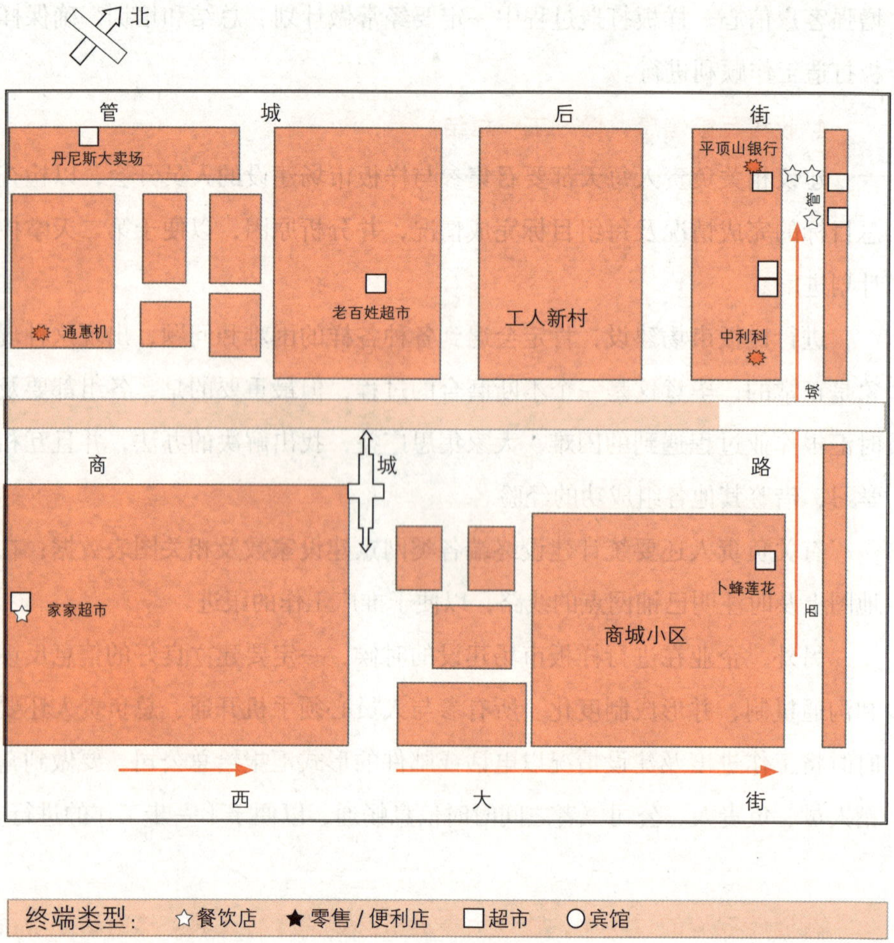


| 客户编号 | 终端名称 | 法人代 | 联系人 | 职务 | 地址 | 联系方式 | 性质 |
|---|---|---|---|---|---|---|---|
| 03-02-01-001 | 家家超市 | 张明 | 张明 | 总经理 | 人民路62号 | | 私营 |
| 03-02-01-002 | 卜蜂莲花 | | | | | | |
| 03-02-01-004 | | | | | | | |
| 03-02-01-005 | | | | | | | |
| 03-02-01-006 | | | | | | | |

◇**客户编号一般由9位数组成。**例：编号03-02-01-001。

◇**9位数客户编码设置原则例举如下：**

03——代表郑州二七区营业所（郑州划分为12个区域）；

02——营业所划分的区域编号（理论上可以划分为99个小区域）；

01——营业所小区域的路线编号（理论上可以划分为99条线路）；

001——代表这个小区域的客户编号（理论上一条路线可以设定999家客户）。

◇**设立客户代码的好处包括：**

——让所有的客户资料都有保存；

——对客户的商业信誉有一个长期的业务追踪，以便了解销量增加或减少的原因；

——为公司的终端支持（如冰柜、各种货架、海报等等）的投放提供了各种信息；

——便于考察客户销量增加或减少，可作为考核业务人员的一个权数，但更主要的是为公司的营销部提供详细的资料，有利于产品的改进和新产品的开发；

——如果此客户出现了什么问题或有投诉等，只要提供一个9位数的客户编号，公司的上层领导就能及时发现问题并解决问题。

**3. 五张表：客户登记表、客户拜访卡、订货表、样板市场申请表、总结表。**

◇**客户登记表（客户档案）。**

记载客户详细资料、经营状况等，该表是所有工作的基础；将客户登记起来有助于建立客户数据库。

◇**客户拜访卡。**

包括客户编号、客户等级、店面陈列、存在问题等，该表明确规定了业务代表的工作内容，包含了公司希望了解的所有信息。

◇**订货表。**

根据了解到的资料及客户的经营情况，及时接受客户订货。

◇**样板市场建设申请表与样板市场总结表。**

## 07
## 临门一脚：货要铺好，更要理好

在做市场的过程中，我发现，有些营销人员只送货不理货，且铺完货后不做回访，售后服务跟不上，更不调货，任由产品过期。有许多企业的送货人员去各个网点送货，往往是卸完就走，也不管产品最后放到哪里、有没有陈列、陈列位置如何、牌面大不大。

这些是做样板市场的大忌。所有战略的成功，最终归为执行的成功，所有执行的问题，都是一线人员的落地问题。

所以，**做样板市场，货要铺好，更要“理”好；样板市场开展之后，有没有达到预期的效果，还需要进行项目评估。**

**评估方法可参照以下几点进行：**

——**终端网点数量和质量的变化：**即样板市场打造前后终端网点月平均销售量的变化、进货频次的变化。

——**总销量成长率：**通过样板打造，销量成长了多少？业务员的人均实际销售业绩增加了多少？收入增加了多少？

——**利润和成本的变化：**通过网点数量增加、质量提升和人均销量提升，经销商利润增加了多少？费用率降低了多少？

——**团队能力提升：**通过样板市场打造，整体业务团队网点开发、沟通能力、动手能力、作业习惯、作业流程等方面有哪些收获和提升？

——**库存及运输：**样板市场打造模式帮助经销商的库房及运输管理方面取得哪些进步？即物流成本是否降低，效率是否提高，库存量是否减少，库存周转速度是否变化等。

——**在当地市场占有率的变化：**即样板市场推行前后该品牌在该区域市场占有率有何变化？

——**品牌知名度和美誉度的变化：**指样板市场打造前后产品在消费者心中的知名度是否提高，提高了多少？美誉度有没有提高，提高了多少（首先是在终端网点的美誉有没有提高）？

——**终端服务质量的变化：**良好的售前、售中、售后服务是市场运作成功的保证；售前和售中服务不仅可以提前了解市场的需求，而且可以促进销售；而售后服务终端客户满意度的提高意味着企业有越来越多的忠诚终端客户和义务宣传员。

——**经销商有收益：**各种网点增加了多少，销量和利润增加了多少，团队技能和管理水平提升了多少，经销商知名度和美誉度提升了多少？

根据以上的方法进行评估之后，有时可能会发现，该样板市场没有达到预期的目的。这时就需要我们分析各种原因，是选点失误，还是经销商太强势，或者说只注重表面工作而未进行样板市场的营销建设等。只有先找到了问题的根源，才能找出解决的办法。

合格的样板市场，不是建设完成之后就任其发展，后续跟进、维护的工作依然是重中之重。有些企业人员认为样板市场建设完了，以后只管送货就行了，这是一种极为错误的想法。

我们一定要记住，**铺货不仅仅是经销商的事，也不仅仅是送货的事。很多产品为什么会死在经销商、二批商的库里，就是因为货没铺好。**

有一个营销人员送货时，二批店面没有地方摆放产品，就直接放在二批商仓库里了。过了一段时间，营销人员回访，也不查看店内有没有货，放在什么位置，只是例行公事般地问老板卖完了没有。老板头也不抬地就说："没有。"当然没有卖完，货全都在仓库里呢！

又过了一段时间，营销人员又去问老板卖完了没有？老板一想，产品还放在仓库里呢。他又不好意思对营销人员讲，只好说："不行啊，这个产品卖不动。"营销人员依旧是什么也不管，回去就跟老板说："哟，这个产品卖不动。"

今天说卖不动，明天说卖不动，连着三天说卖不动；一个人这样说，两个人这样说，等三个人都这样说的时候，经销商就开始给厂家打电话了："张经理啊，货我铺完了，可都卖不动！"

很多产品就是这么死掉的。**做完样板市场后，样板市场的维护同样不可或缺，每名营销人员下市场后都要做到以下几点。**

**1. 经常检查存货。**

检查存货是开始第二轮铺货的首要工作。企业营销人员在对存货进行检查、统计后，可以据此分析出第一轮铺货的走势。对已进货的二批商及零售店，要亲自进入店内及仓库详细清点每个品种的库存，拿出上次铺货的登记表进行对比，即可初步统计出已销售产品数量，为补货做好准备。

**2. 询问销售情况。**

询问销售情况也是售后服务的一种方式，同时也是增进客情关系的有效手段。通过询问与交谈，可以提高经销商的信任度，拉近距离，使其对产品、对企业更加信赖。

### 3. 进行补货。

在检查存货的同时要检查每个产品的生产批号、破损状况，过期及破损产品要及时更换，以免影响品牌信誉。结合第一阶段铺货的销售情况，确定补货量（补货量的确定方法同铺货）。

注意：适当的存货可以提高销量，要告诉终端商应该补多少货，但千万不要压货过多，以免影响终端商的销售热情。

### 4. 理货不可缺。

补货后，除按第一次铺货时的要求陈列商品外，还应做好以下工作：

——严格按照先进先出的原则，重新整理仓库和货架上的商品。

——每次检查库存、补货时，尽量将破损的产品及时更换（或拆箱摆到货架上零售），将破损纸箱带回经销商处。

——对过期产品、不合格产品、严重损坏的产品，要及时退货或换货。

——对存货要重新整理摆放，坚持同规格、同口味陈列在一起的原则。

——理货过程中及时清洁产品，处理损坏的纸箱（拆箱或换箱）。

——记录各类产品的销售情况，理货时要将各类产品已销数量、库存数量、存货日期及消费者反映情况详细记录下来。

——在理货的同时，要有意识地观察竞品的销售情况。理货是了解竞品的最佳时机，竞品的各类产品走势、一批价、利润状况等，均可详细调查出来。

——每次理货过程都要做详细记录与终端客户登记。

**样板市场的维护切忌形式化，走过场。**企业要制定出合适的条例或者标准、模板，以便对企业产品的销售情况随时有个真实的了解，这一点非常重要。

# 7

# 聚拢人力，让核心人员对号入座

CHAPTER

同样的产品，同样的市场，因为企业老板不一样，团队不一样，所以经营结果不一样！

在企业所有因素中，人才是第一生产力。

唯有解决了人的问题，才能保证战略的实施和品牌效益、销量、利润等的稳定持续增长。

## 01 修炼1号人物：什么老板创造什么企业

狮子领导羊群可能让羊变成狮子；羊领导狮子群可能把狮子变成羊。

这句话说明一个道理：**团队的强弱不是取决于人员数量的多少，也不是取决于个人能力的强弱，而是取决于统帅者是否出色。**

我们知道，官渡之战是东汉末年“三大战役”之一，也是中国历史上著名的以弱胜强的经典战役之一。当时对垒的双方，袁绍集团的实力明显强于曹操集团，但最终官渡大战，以曹操获得胜利，袁绍落荒而逃结束。我们从官渡之战过程中双方统帅的表现就可以看到统帅能力对战争胜负的影响有多大。

所谓“兵熊熊一个，将熊熊一窝”。而《亮剑》中的李云龙，无论到哪个团都能将它带成尖刀团队。同理，在商界中通常也是卓越的创始人造就卓越的企业！

试想一下，如果没有乔布斯会不会有苹果？

没有比尔·盖茨会不会有微软？

没有任正非会不会有华为？

没有柳传志会不会有联想？

没有张瑞敏会不会有海尔？

没有马云会不会有阿里巴巴？

没有马化腾会不会有腾讯？

没有牛根生会不会有蒙牛？

没有魏应州会不会有康师傅？

优秀企业奉行的都是“能人经济”，拥有一支精英团队很重要。但是从更高的聚焦战略层面来看人力资源问题，我们发现卓越的领袖才是团队成败的关键。一个团队没有灵魂人物注定没有前途，**企业人力资源战略应该聚焦的“1号人物”就是企业老板、执行总裁等领袖。**

这里，我们所需要的是灵魂人物，是领袖而非领导，两者之间有着很大的区别：

领袖领导众人，让人心甘情愿卖命；领导指挥众人，让人感觉渺小。

领袖有权威，用权威影响人；领导有权力，用权力管人。

领袖看中影响力；领导看中权力。

领袖，善于征求多数人意见，常与少数人讨论，敢于一个人决策！他能够影响一大批人，吸引大批人为他描绘的愿景卖命，最终带领大家创造辉煌的业绩。

进入21世纪，世界各国的竞争将从自然资源转移到人才资源方面，**经营管理者的才能决定着企业的成败，企业家的自我修炼，决定着企业的生死、发展和规模。**

企业的发展是没有终点的马拉松。经常有企业家感慨，过去成功的方法现在不管用了。——竞争环境变化太快了，消费者消费需求的变化太快了，很多过去某个阶段发展迅速的企业，突然某一天就倒闭了。

这不是企业家不用心经营，而是企业家让“过去的成功阻碍了今天成功”——拿着过去积累的成功经验管理发展中的已经变化了的企业，当然不合时宜。

这时，企业家的能力就是企业发展的天花板。当到一定阶段企业的发展速度放缓或者停滞，甚至销量持续下滑，很可能是这个企业的经营者、领袖遭遇了能力的瓶颈。团队再能干也不可能把天花板撞个洞，通常是老板前进一小步，团队才能前进一大步，企业发展一大步。如果企业家自身不修炼，靠招揽人才经营管理企业，招多少人都没有用。

**正如彼得·圣吉所言，“企业家是一种修行”。**

现代的经营管理要求企业家葆有一颗不断学习的心，跟上时代发展的步伐。现代的企业家需要进行五项修炼，与之对应的是五种能力——战略把控力；识人、用人能力；演说能力；文化塑造能力；融资能力。

### 企业家的五项修炼 1：战略把控力

方向不对，努力白费。作为企业掌舵人，什么阶段做什么、不做什么，对企业的健康发展具有决定性的指导意义。

有很多企业领袖和核心团队的个人能力很强悍，经营业绩却很差，究其原因，要么是一开始就选错了方向，要么是中途目标漂移了。

**企业领袖的自我修炼，首先体现在对国家宏观调控政策的把控上。**

调控可以一瞬间让一个企业飞腾起来，也可以让一个企业从天堂一下子坠入地狱，企业家一定要关注中国宏观经济的走向。

国家鼓励的、提倡的、扶持的、引导的项目，一定要顺势而为，大胆进入。

曾经有人问：为什么“长三角”“珠三角”经济那么繁荣？有人回答：“因为那些企业家经常看新闻联播。”——很多人觉得这是个笑话，其实背后隐含着一个很有用的道理：作为国家调控消息的发布平台，它所提倡的、强调的、关注的都是国家将要采用行政力量调控的，你大胆进入这些行业，不赚大钱也赔不了钱。比如国家发展科技就是要大力提倡中国创造，提倡环保、低碳就是要提高GDP质量，关注农业是为了发展高效农业。

国家是最大的“金主”，每年都用大量资金扶持鼓励的、提倡引导一些行业企业，进入这项行业就好比“白拿钱”，为什么不要？

国家明令禁止的、调控的行业，就要求企业快速转型、退出，不要逆势而为。例如，国家重点调控的造纸、水泥、钢铁、化工、煤炭等产能过剩、高能耗、高污染的行业。

我曾经工作过的某集团公司有一个造纸厂，20世纪90年代时效益非常好，是当地的利税大户。2000年后，我做企业聚焦战略曾经给集团领导建议过尽快将造纸厂转型，因为造纸行业产能过剩、高污染、高能耗，而且工厂距离黄河比较近，一旦遇到国家政策调控，其抗风险能力会极差。可惜当时没有人能听进去，不但没有采取转型措施，还为扩大生产规模把利润变成了固定资产。结果这家造纸厂的产能扩大了，市场需求却减少了，后来又赶上国家政策限制，现在倒闭了。

我们做企业，个人能力再强，也改变不了国家的宏观调控趋势吧？

**企业家的自我修炼课程1：**

1. 尽可能每天抽出半小时，安排时间看每天晚上的新闻联播。
2. 学习和研究政府换届时的施政纲要，及每一年两会总理工作报告。
3. 每年至少安排两次时间和政府相关部门（发改委、企业局等）沟通，了解国家政策动向。
4. 企业内部召开主题会议，讨论宏观调控对企业的影响和利好因素。

**其次，优秀企业家的修炼，更多地体现在对行业趋势和消费趋势变化的把控上。**

如果说宏观调控是行政力量的手在起作用，那么行业趋势和消费趋势的变化就是市场的手在起作用。

作为企业家，不研究你从事的行业所处的周期和发展趋势，做出准确的判断与合理的调整，那么，如果该行业进入下滑通道时，倾巢之下，岂有完卵？

没有任何生意是长盛不衰的，我们今天回望发现，白酒行业经过10年的疯狂发展，自2013年开始进入看不到前途的盘整期；方便面进入中国大陆44年，高速发展38年后出现了总销量连续5年下滑现象；碳酸饮料持续增长113年，随着消费者健康意识的觉醒，销量进入下滑通道……

消费趋势决定行业趋势，行业趋势决定企业趋势。你不研究行业趋势，不研究消费趋势变化，怎么能给你的企业带来美好未来？例如，自从互联网来到世间，很多行业趋势和消费趋势都在快速地发生着变化。携程网，一家没有一架飞机、没有一间酒店的公司，每天卖出的机票和开出的房间超过任何一家航空公司和酒店；行业巨头雅戈尔用了32年时间，在华建立了500亩的工业城，开了1500个专卖店，终于实现了每天1.3万件男式衬衫的销售业绩，但同样是卖服装的凡客诚品，仅仅3年时间，没有厂房和流水线、没有一家专卖店，靠一个网站就创造了一天3万件男式衬衫的销售业绩。

所以，哪怕是传统行业的企业老板，下一步都应该学一点互联网的思维，这是行业发展的大趋势。如果你对变化不闻不问，最先被淘汰的就是你。

**企业家的自我修炼课程2：**

——积极参加行业协会，信息共享。

——关注每一年行业产销量数据变化。

——随时关注新产品或者替代品对企业原有产品的影响。

——关注消费者消费习惯的变化对企业发展的影响。

**最后，企业家的掌控力的实质就是辨别和决策：什么阶段做什么、不做什么。**

想做强的企业家，**在战略决策时应该考虑以下4个方面的内容。**

**1. 不要进入市场容量太小的行业或者品类。**

多深的水养多大的鱼，小池塘不可能养大鲸鱼，行业的市场容量决定了你企业的规模。

我曾经工作过的斯美特食品集团公司从事方便面经营，供应商中有从事咸味香精加工的，建厂比斯美特还要早，可十几年来看着斯美特做到了年销售额20亿元，自己的年销售额却还在1亿元左右徘徊，这些企业的老板，感觉当然是很痛苦的。还有中国的方便粉丝、米线市场一年也就20亿元左右销售额，某些企业做5至10年规划要做到年销售额100亿元。即便整个市场被一家垄断也不可能啊。

**2. 不要轻易进入国企垄断的行业。**

市场容量大，民营企业也未必一定能做大。这要考虑竞争对手是谁。民营企业进入国家垄断的行业，面临政策倾斜和行业规则的制定者，如何能做大做强？垄断的国企又岂能容忍你做大做强？

你选择市场容量大的行业，如果有国有企业垄断，那么国有企业就是你的企业业绩增长的天花板。

**3. 不要轻易多元化，不要进入自己不擅长的领域。**

世界上卓越的企业绝大多数都是专注的，世界500强中只有4家明确定位于多元化战略，其他的都因专注、聚焦于一个行业才成为强者。格力专注于空调才有今天的世界第一，华为专注于通讯设备才有今天美国、欧盟的恐惧。同时也有一些企业家和企业，在某一个领域做好了，就开始多元化，进入自己不熟悉的领域，结果铩羽而归。

当年做PC（电脑硬件）起家的联想集团，2001年全面进军互联网产业，相继以3亿元收购财经网站赢时通40%的股份，以5000万元开发新东方教育在线，还创建大型门户网站 MF365，和时代华纳成立合资公司，和李泽楷的盈科数码动力合作开发宽带电脑。然而，两年后，几个亿的投资全打了水漂，所有项目都不了了之。

创业期企业没有机会时要善于创造机会、抓住机会，当企业做到一定规模后，赚钱的机会很多，这个时候比的是抵制诱惑、放弃机会的能力。

**4. 不要轻易做品牌延伸。**

企业塑造一个成功的品牌不容易，所以总想把品牌的余力发挥到淋漓尽致，于是通常会尝试在该品牌下面延伸其他产业和产品，期望用老品牌的名气来带动新产品，结果是前仆后继的失败。因为品牌是，一种符号、一种心智模式、一种承诺。每个品牌在消费者心中建立心智，树立的都是某一个细分领域的专家形象，如果这个时候，你进入新的领域，消费者也会认为你是这个领域的专家，但是实际上，你并不专业，消费者的期望与实际结果不相符合的时候，灾难就来临了。

例如，我们耳熟能详的霸王洗发水，当年将品牌延伸到凉茶这个领域，霸王洗发水其实在消费者心智之中已经建立起了中药世家的形象，但是突然进入凉茶领域，有消费者联想到洗发水，觉得是洗发水味道的凉茶，当然这只是消费者的关联联想，但是这一联想就导致霸王凉茶最终败走麦城。

还有我当年操盘斯美特食品时，集团旗下曾经有一个日化企业——斯美特日化，生产洗衣粉。结果我们发现，斯美特洗衣粉销得好的市场，斯美特方便面却怎么用劲都销不好。经过终端调研，消费者反馈说“感觉方便面中有洗衣粉的味道”。结果，我们花了两年时间把日化去斯美特化，改为另外的品牌。

**总之，优秀企业家的第一项自我修炼要求我们做企业决策时：**

——评估进入行业的市场空间和竞争格局。

——尽量不要进入国企垄断的行业。

——做好项目聚焦、产品聚焦，把握“专注”这一做强的有效工具。

**企业家的五项修炼2：识人、用人能力**

所谓一个好汉三个帮，如果没有一批能征善战的下属为老板冲锋陷阵，老板再厉害，也难以成事。

**创业靠老板，发展靠团队。对团队核心人员的识别、使用是老板必须终生修炼的重要能力之一。**

也经常有企业老板感慨地说：“招聘面试时觉得这个人能力不错，怎么试用后发现不是那么回事？”还有老板说：“平时觉得这个人能力一般，真放在那个位置了业绩竟然不错。”这都是不会识人、不会用人的表现。

**企业老板识人，一定要特别关注两个方面：品德、能力。**

**首先是品德。**品德不好的人，能力越强，对企业的破坏力越大。三国的吕布就是品德不好、能力很强的典型。所以老板识人首先要辨识人才的品德。

曾国藩曾有一段关于识人术的论述，总结得非常好。——人的品德看言行；人的思想看行为；人的内心看做事；人的心术看眼神；人的知识看谈吐；人的内涵看表现；人的修养看性格；人的能力看业绩；人的身手看对手；人的为人看朋友；人的本质看历史。也就是说：邪正看眼鼻，真假看嘴唇；功名看气概，富贵看精神；主意看指爪，风波看脚筋；若要看条理，全在语言中。

其中，最重要的是一个人的言行和经历。在面试时，可以设置问题和情景，判断一个人说话做事的方式，看其是否言行一致，工作中不仅要看他说得怎样，更要看他做得怎样。重点可以关注员工以下的问题：

是否能够站在公司的立场上思考问题，维护原来公司利益？一个辞职后到处说上一任老板和企业坏话的人，你认为他离开你的企业后会给你好评吗？

换工作是因为待遇的诱惑还是发展？

询问加班的概率来判断其是否敬业？

是自动自发，还是事事等人交代？

是否具有结果导向的习惯？遇见困难时找退路还是想办法？

是否具备合作意识？自我表现欲望强烈的人合作意识都差。

是否敬畏制度和流程？

是否有感恩意识？

当然，品德评判只是老板慧眼识人的一个方面，因为品德好的人很多，但企业发展需要的是品德好能力又强的人。

**老板识人需要进一步评判员工能力的强弱，可以使用以下方法。**

**1. 业绩评判法。**

过去是否创造过拿得出手的业绩，以此来证明自己。如果说业绩很漂亮，一定要有证明材料和证明人。现在很多企业每一年都要评选特殊贡献人物、功勋人物等，得奖的一定比不得奖的优秀。这就是证明材料。其次，业绩要有证明人，如原来的直接上级、同级、下级、曾经管理过的市场经销商等。人过留名，真正有业绩的人，别人是不可能抹杀他的贡献的。

**2. 独特优势判定法。**

如同老产品聚焦法中的特点确定法，我们挑选千里马，一定要找到他们身上的特长优势，我们要找到维持企业健康发展的有各自优势的三种人才：专业人才、管理人才、领导人才。

这三种人才各自的特点和在团队中的位置，可以跟下表做对照。

| 项目 | 专业人才 | 管理人才 | 领导人才 |
|---|---|---|---|
| 核心能力 | 专业操作技能 | 组织驱动力 | 方向 |
| 工作动力 | 兴趣、爱好（喜欢做） | 责任（应该做） | 远景（想要做） |
| 焦点 | 自我 | 他人 | 未来 |
| 角色 | 演员 | 导演 | 投资人 |
| 核心天赋 | 狂热的专注：发现喜欢做的事情，坚持做下去。 | 教练的本能：培养别人的能力，发现苗子，培养人才。 | 远景的描绘：让团队都相信，并心甘情愿去奋斗。 |
| 层级 | 特殊岗位个体 | 中层 | 高层 |

**企业家识人很重要，如何用人也很重要。**一个人的爱好和兴趣所在就是他的特长所在，他的特长决定了他在团队里的位置。**老板的用人能力真正体现出了他是否具有领袖式的风度。**

不是所有人才到了你的企业都能创造价值，人才创造价值也需要天时、地利、人和，需要会用、需要环境、需要信任、需要授权、需要配合、需要用人所长。

**1. 不会配合的人才还不如庸才。**

中国有句俗话：一个人是条龙，几个人是条虫。人才使用，配合很重要。

战国时期的著名军事家孙膑，在魏国不但得不到重用，还被同窗庞涓陷害，遭受膑刑，身体残疾。后在齐国使者的帮助下投奔齐国，被齐威王任命为军师。他辅佐齐国大将田忌两次击败庞涓，取得了桂陵之战和马陵之战的胜利，奠定了齐国的霸业。这说明人才之间的配合很重要。庞涓和孙膑不能配合，两败俱伤，只能产生内耗，给魏国造成不可估量的损失。孙膑和田忌配合默契，围魏救赵，两战皆胜，帮助齐国成为“战国七雄”。

有一个企业，外聘的营销副总因业绩出色，管理能力强升任总经理，股东怕职业经理人失控，就推荐一个嫡系的大区经理出任营销副总，总经理和营销副总从个人能力上都很优秀，两个人如果配合默契企业还可以持续健康发展。问题就在于营销副总上任后带有明显的政治目的：制衡，再加上他心胸狭窄，私心太重，破坏企业好不容易建立的竞聘体系，任人唯亲，造成队伍战斗力下降；还有他的高度和方向感还不足以推动企业往前发展，最致命的是，凡是总经理做的规划和指示，他都阳奉阴违，软对抗，不执行。结果可想而知，业绩连续三年持续下滑。

这正是用错一个人，毁了一个企业的趋势。

**2. 人才使用，用人所长很重要。**

人都有缺点，但推动企业发展的是人的优点。如何让人才的优点发挥得淋漓尽致，这是老板必须时刻考虑的事情。**作为老板你要了解每一个人才的特长和缺陷，用好其长，规避其短。**

汉高祖刘邦平定天下称帝后，到洛阳论功行赏，席间他问："各位王侯将领不要隐瞒我，都说出真实的情况，我得天下的原因是什么呢？项羽失天下的原因是什么呢？"

高起、王陵回答说："陛下让人攻取城池取得土地，就把它（城镇、土地）赐给他们，与天下的利益相同；项羽却不是这样，他杀害有功绩的人，怀疑有才能的人，这就是失天下的原因啊！"

刘邦说："你们只知道一个方面，却不知道那另一个方面。在大帐内出谋划策，在千里以外一决胜负，我不如张良；平定国家，安抚百姓，供给军饷，不断绝运粮食的道路，我不如萧何；联合众多的士兵，只要打仗一定胜利，只要攻城一定取得，我不如韩信。这三个人都是人中豪杰，我能够任用他们，这是我取得天下的原因。项羽有一位范增而不任用（他），这就是被我捉拿的原因。"

这个故事充分说明用人所长的重要性。刘邦如果任用韩信出谋划策，任用张良带兵打仗，会平定天下吗？现实是很多企业家在使用人才上不能用其特长、人尽其才，造成人才浪费，然后还抱怨：这个人原来很能干的，怎么换个岗位就不行了呢？是不是看走眼了？

有一家企业的营销总监离职后，老板调一位生产副总去管营销，生产副总说自己不懂营销，管不好，老板说："管理是相通的，都是调动员工的积极性，生产你能管好，营销也应该没有问题。”可这位生产副总从一工作就在生产系统，对产品和市场没有任何敏感性，管了6个月，业绩直线下滑，老板最终换掉了他，最糟糕的是老板逢人就说：“这人是我看走眼了，影响了企业的发展。”

其实，不是他看走眼了，是他把人才放错了位置。

**3. 人才使用，信任很重要。**

很多企业不缺人才，而是缺乏老板对人才的信任。

官渡之战时曹操和袁绍手下的谋士都是一等一的水平。

曹操手下有：刘晔、荀攸、许攸、荀彧。

袁绍手下有：沮授、田丰、郭图、审配。

袁绍兵多将广依然惨败，主因就是不信任人才，不会用人。

曹操在战事初期处于劣势，当中全赖四人扭转困局——刘晔、荀攸、许攸、荀彧。曹操能接纳能人之言，取得最终的胜利。

这全在于用人之道。我们可以细分来看：刘晔、荀攸、许攸、荀彧皆是人才，献上计谋，有化险为夷之功，由此观之，人才任用可说是一计敌万人；至于曹操，他是一个懂得运用人才的人才，能接纳他人之言，故袁绍兵多也不足为惧，正所谓兵不在多，在乎能否调遣。

反观袁绍：当初起兵时沮授和田丰反对，他就把田丰关入大牢。

高薪聘人就是用人才的脑袋，他的计谋你不采用，那你花高薪请他干什么？现实是很多企业家花高薪聘了人才，可依然在用自己的脑子，总觉得自己是无所不能的。结果就是高薪聘请的人才被供起来做花瓶。

我曾经服务过一个企业，每年不停地高薪聘人，企业业绩一直没有起色。老板得出结论：什么人才，都是骗子，徒有虚名。我问他，这些人到你这里之前可以创造业绩，从你这里走之后也能创造业绩，为什么到你这里创造不了业绩？他愣住了。他的管理很有意思，给你职位，不给你权力，不管什么总，最终签字决定权一定是老板的，哪怕是花10元钱。连最基本的信任都没有，人才如何人尽其才？

**4. 老板使用人才要知人善用，还要避免内耗。**

人才都是有特长的人，有特长的人都是有极度缺陷的人，特长越明显，缺陷越明显。作为老板你要了解每一个人才的特长和缺陷，各司其职，人尽其才，用好特长，规避缺陷。唯有这样使用人才才能达到1+1＞2的效果。

袁绍用人的原则很简单——我高兴。他高兴的原则也很简单——谁拍他马屁他就高兴，谁提意见就讨厌谁。

田丰不断地提意见，下了大狱；沮授不断地提意见，被冷落在一边。袁绍在每一次指挥之前，沮授都提出正确意见，他就是不听，因为沮授不会顺着他的话说，不会吹牛拍马、阿谀奉承，他就喜欢郭图这样会拍马屁的人。最后形成的结果是，凡是对袁绍有利的正确的意见他一定是不听的，凡是对他不利的错误的意见，他是一定要听的。

当然，任何人对企业的推动力都是有限的。一个人只能推动企业某一阶段的发展，当一个人推不动企业发展时，**老板如何安排曾经创造过价值的人才是一个很棘手的问题。**

很多老板都是实用主义，大多采用“卸磨杀驴”的方法。要么合同到期直接解除合约，要么削权调动岗位逼职业经理人自动离职。结果可想而知，不欢而散，同事、朋友、亲人变仇人。这些离职的人才要么在企业身居高位，要么在核心部门，对企业的优势、短肋非常清楚。这种做法很可能给企业培养出很多可怕的竞争对手。

很多职业经理人和企业一样，都是有品牌的，有影响力的。能力越强，破坏力越大，处理不好不只会产生负面影响，还会给企业带来很大的损失。

如何好聚好散？

如何合作是朋友，不合作还是朋友？

如何给彼此一个体面的分手理由？

如何给职业经理人一个过渡空间？

如何让职业经理人走之后还会为企业做贡献，还能和老板做朋友？

这些都是企业老板必须考虑的，下面的做法是比较合适的。

首先，不要克扣职业经理人的工资、奖金。很多企业老板刚开始合作时，许下几万元、几十万元承诺时眼都不眨；当对员工表现不满意时，几百元都想扣下。

其次，给职业经理人一个体面的台阶下。尽管合同到期，还是要搞一个欢送会，在会上要充分肯定职业经理人的贡献和成绩，感恩的老板才能培养出感恩的员工。在这种场合感谢要走的人才，不仅能给要走的人留下好的印象，也能给还留在企业的员工树立正向的激励作用。员工会想，只要我好好干，老板也会感谢我。

第三，尽可能给予一定的经济补偿。哪怕是几千元的红包都行，这不是钱多钱少的问题，是一种态度的问题。

最后，建议给离职的人才一个名分。例如顾问、独立董事等，从物质和精神层面解决问题，形成双面正向口碑效应。对企业后续聘人不是更好吗？这也叫“卸磨养驴”，这样做不仅是给离职的员工看，也是给留下的员工看。

## 企业家的五项修炼3：演说能力

**作为一个优秀的企业家，必须具备3种能力——做的能力、说的能力、写的能力。**

员工最喜欢会说的老板。你可以不会写，但你必须会做、会说。不要告诉员工你只会做不会说。只会做不会说的老板都是做不大的老板。

现实生活中我们发现一个有趣的规律：经营好的企业、发展快的企业、规模做大的企业的老板，其演讲水平都很高，都是有思想的人。蒙牛的牛根生，联想的柳传志，格力的董明珠，阿里巴巴的马云……他们都是自己企业的最佳代言人。

思想这块阵地，你不占领，别人就会占领。员工的脑袋也是如此，它就像是一块责任田，你不播种，它就长满了荒草。所以，我们想要什么，就得先种下什么。想要员工敬业，就“种”敬业；想要结果导向原则，就“种”结果导向；想要执行力，就“种”执行力。怎么“种”？最直接有效的方法就是演说，告诉员工我们共同的企业愿景、核心价值观和承担的企业责任、行业责任乃至社会责任。

企业的思想、愿景等，是写出来给员工看效果好，还是讲给员工听效果好？肯定是讲给员工听更有感染力！我们应该学习优秀的企业家如马云、牛根生、任志强等。

孔子有弟子3000人，是因为孔子周游列国，不停地讲学。基督教、伊斯兰教有那么多信徒，是因为不停地有人在布道。安利直销在中国业绩这么好，是因为安利老板影响了一大批人，这一大批人又源源不断地通过分享会再影响更多的人。伟大的思想需要说出来、传出去。

为什么我们身边经常会出现很多老板会做不会说？

**首先，是因为老板没有意识到演讲的重要性，造成没有演讲的意愿。**

演讲的重要性我认为有两点：

一个是“布道”，把自己的目标、方向、理念、要求源源不断地传递给员工。创业期，老板身先士卒带领大家往前冲，可以一对一沟通，靠的是榜样的力量去影响员工的言行。当企业达到一定规模，员工数量增加时，仅靠自己的身先士卒影响员工是不够的，影响力是有限的，影响力也是递减的。这个时候每一次会议都是老板布道的法场。如何抓住这些机会布道，布道能影响多少人，能影响到什么程度？这都取决于老板的意愿。

一个是真心忘我的帮助员工。这也是演讲的真正目的。演讲不是以表演为目的，是以帮助别人为目的。为什么那么多企业家百忙中放下生意去听课，因为他们在经营上遇到问题了。他们希望通过听课找到出路和好的方法。所以每一次演讲，老板都要问问自己：我的演讲能给员工带来什么价值？我怎么讲才能给员工最大的帮助？

**其次，是因为老板不敢讲。**

为什么不敢讲？关键是你恐惧，怕自己讲不好，讲不好丢人，归根到底是怕丢面子。100个企业家中有99个不会讲的都是因为不敢讲。所以敢讲是会讲的前提。不敢讲，永远不会讲。

**第三，是因为老板不会讲。**

只要不是哑巴都会说话，但会说话不等于会演讲。同样的话从不同的人嘴中说出来，在不同场合说，用不同语气说，效果是不一样的。这就是演讲的魅力所在。

演讲是有技巧和方法的：

讲什么？怎么讲？分几条讲？想达到什么效果？如何开场？如何结束？

**企业老板修炼演说能力，可以从3个关键点入手。**

**1. 会不会讲没关系，首先要敢讲。**

很多人不是没有思想，是没有勇气和胆量表达思想。每一次想说的时候，恐惧总是打败行动。你是想一辈子丢脸，还是先丢脸，后让别人赏脸？没有任何一个人是天生的演说家。越是怕什么，就越是要干什么。不要考虑讲得好不好、对不对，首先要敢于站起来、说出来。这相比不敢站起来、说出来就是胜利。

**2. 多频次特意训练自己的演讲。**

训练会熟能生巧，减少恐惧。生活中天才是少数，大多数人都是普通人，普通人也可以成为演讲的专家，最有效的方法就是多频次训练，你训练得越多，恐惧就越少，讲得就越好。

其实不管讲什么或者怎么讲，核心就是要解决3个问题——开场具有吸引力，内容具有说服力，收尾要有冲击力，这样就能达到我们想要的效果。

**3. 演讲能力提升最快的方法，不是训练，而是演讲后的自我总结与反思。**

我的这次演讲，主题有没有吸引力？

核心内容对听众是否有所帮助？

所讲的故事是否紧扣主题并且支撑力度很足？

内容和风格是否有特点？

是不是设置了和听众互动的环节？

讲的是不是自己做到并有切身感受的？

我要给自己打分，会打多少分？为什么是这个分数？

差距在哪里？我如何改进能讲得更好？

## 企业家的五项修炼 4：文化塑造能力

海尔的“真诚到永远”使海尔的服务深入人心，成为行业标杆。于是奠定了海尔行业老大的位置。

格力的“好空调，格力造”，使消费者形成了一种认知：格力的空调质量是最好的。这促使格力空调成为世界著名品牌。

这就是文化的力量。

**企业不是做大才有文化，而是有文化才能做大。**

企业文化的核心是老板文化，就是一个企业创始人的价值观、信念、仪式、符号、处事方式等外在的表现。老板文化经过沉淀和升华后，丰富为企业文化。诚信的老板带出诚信的企业，重视质量的老板才能生产出质量过硬的产品，老板有爱心才能带出有爱心的企业。

**企业创业期靠亲情，发展期靠制度，持续发展壮大靠文化。**

现在很多企业家意识到了文化对企业发展的重要性，但不知道如何玩文化。通常，现实生活中，企业老板对企业文化的理解有两种错误的观点。一种说文化都是虚的，假、大、空，全是做给外人看的；另外一种说，我的企业没有文化。

第一种看法的问题在于，企业老板自身没有意识到文化对企业发展的重要性，没有重视企业文化建设，他企业的文化很可能都是下属网上摘抄一些标语，挂在墙上；第二种的看法也有问题，因为不存在没有文化的企业，企业的文化只有好文化和坏文化之分、清晰文化和模糊文化之分。

所有优秀的企业都有值得学习的文化——海尔的服务文化、格力的质量文化、小米的创新文化、华为的危机文化……其实，只要掌握了企业文化形成的5个步骤和传播的4个关键点，任何企业都可以玩文化。

**企业文化形成包括5个步骤：提炼、上墙、落地、入心、形成习惯。**

◇**提炼**。形成企业文化的核心元素。

可以是一种传统、一种性格、一种气质、一种行为方式。这种传统和性格，是由企业创始人的性格、气质、行为方式决定的，他给企业注入了灵魂，从此，不管岁月流逝，人员更迭，企业的灵魂永在。如何提炼？列出企业在经营过程中所倡导的价值观念、行为方式等，越多越好，最后按重要性排序，删除认为不重要的，保留三两条最能代表企业行为方式的内容，例如诚信、务实、分享等。

◇**上墙**。把最核心的文字、标语张贴到墙上用作企业文化宣传。

例如，我创办的“赢销力”公司文化包括：

公司使命——帮助更多的快消品企业实现赢销中国的梦想！

公司愿景——做中国最顶尖的全案管理咨询公司。

公司目标——做中国最牛的快消品咨询公司。

价值理念——诚信、务实、成果、共赢。

经营理念——全力以赴地把合作伙伴的事情当作自己的事情做。

员工文化——你可以不给企业创造价值，但你一定要成长。

其中，真正需要上墙的有两条，一条是对外宣传的核心经营理念“全力以赴地把合作伙伴的事情当作自己的事情做”，另一条是对内强化的员工文化“你可以不给企业创造价值，但你一定要成长”。

◇**入心**。上墙不是目的，入心才是目的。

首先，员工要从内心愿意自觉自愿地去遵守和传承企业文化。这有个前提，员工觉得企业文化是好的文化。其次，企业文化与他个人有关系，他在遵守和传承的过程中能够受益。第三，上墙的文化和企业价值观、行为方式高度吻合。例如“赢销力”的员工文化：你可以不给企业创造价值，但你一定要成长。谁不愿意成长啊？是员工都愿意。所以员工从内心愿意去遵守和传承。

◇**落地**。文字提炼再精准、标语再通俗易懂，都要有落地的规范、操作的标准化规范。

例如“赢销力”的员工文化：你可以不给企业创造价值，但你一定要成长。公司要求每一天下班前总结今天你学到什么、有没有成长？上级检核下级日报。每周六上午定为全员学习日，以部门为单位分享一周的学习和成长心得。一个人能力提升最快的方式就是培训别人。分享内容必须以PPT形式呈现，必须站着给大家分享。分享的过程就是培训别人的过程，每个人都不希望分享时丢脸，所以准备都很充分，这个过程就是逼着员工成长。每一次分享有详细的评议，分数低于80分要进行负激励。有这些操作规范和考核，员工文化怎么可能落不了地？

◇**形成良好的习惯**。企业文化上墙、落地、入心都是暂时的，唯有养成习惯才能让企业文化传承下去。

生活中为什么成功的人似乎永远在成功、失败的人似乎永远在失败？都是习惯惹的祸。失败的人总在找理由，成功的人总在找方法。

良好的行为习惯并不是天生的，完全可以通过后天来培养。一种是自动自发式培养良好的习惯，一种是强制性培养良好的习惯。我认为企业文化的传承，最好用强制性培养的方法，而且最好是长期强制性。我们“赢销力"的员工成长文化，就是在连续一年的强制性培养下形成的。现在如果周六取消学习，员工会很不适应。因为他们已经养成了良好的习惯。

**企业文化形成的4个关键传播元素包括：文字、语言、习俗、故事。**

◇**文字**。文字是基础，是最有效的固化和沉淀文化的方式。华为的任正非、格力的董明珠、蒙牛的牛根生、阿里巴巴的马云经常写一些文章、发表一些言论，都是对企业文化的解读、沉淀和传播。

◇**标语**。集中体现在通俗易懂、朗朗上口的语录式文字，如牛根生的"小胜凭智，大胜靠德""想赢两三个回合，赢三年五年，有点智商就行；要想一辈子赢，没有德商绝对不行""先做人，后做事。"

一个优秀的企业家，要想传播企业文化，就要总结一些属于自己的语录，这些语录一定和你的价值观、行为方式相吻合，然后在不同场合经常提起，最终成为指导思想，去约束员工的行为。企业家必须有意识地把一些词语挂在嘴边，比如说"成长比成功更重要""行动改变一切"等，不同场合经常说，就成了企业文化的一部分。

◇**习俗**。文化是靠习俗传承下来的，习俗是文化的体现。在企业里面，有一些文化是可以固化成习俗传承的。比如说给员工过集体生日，新员工入职宣誓仪式，每一年的运动会，每一年的优秀员工春游，每一年的优秀员工评选，每一年春节前的企业的联欢晚会，每周的周一例会，每一年的荣誉墙……这些形成标准化的流程，坚持做就成了习惯，刺激久了就成为习俗。

◇**故事**。故事是企业文化最好的诠释，文化靠故事才能口口相传。要真正让一个人理解一种文化，最好塑造故事：行业故事，如20年前的证券市场到处流传杨百万的故事；企业故事，如海尔的传奇故事就是砸冰箱；产品故事，如ZIPPO打火机背后的传奇故事；领导人故事，如董明珠和格力的故事、柳传志和联想的故事、马云和阿里巴巴的故事、牛根生和蒙牛的故事、王石和万科的故事等。

### 企业家的五项修炼5：融资能力

很多企业倒闭，不是因为产品销售不出去，也不是产品毛利太低，是因为扩张太快，资金链断裂。巨人集团、德隆集团、三九集团都是因为资金链断裂而倒闭的。

**经营企业的第一要务是保持企业的现金流不出问题，那么对应的企业家该做的事情排在第一的就是融资。**

融资不单是指筹备企业成立之初的启动资金，还包括为企业发展筹集备用资金。如应对紧急事件的备用金、到期账款准备金、战略转型所需要的资金投入等等。筹资的渠道各种各样，包括个人举债、银行贷款、私募基金、风险资本、发行股票债券、吸纳新的战略投资者等。

能否及时筹集到所需资金，则是考验企业家本领的关键。企业家融资能力的修炼，拼的就是人脉圈子。因为人脉就是钱脉，关系就是实力，看一个人的实力，就看他周围的关系。

企业家想提升自己企业的融资能力，必须打造三种圈子：企业家圈子、政府官员圈子、银行高管圈子。

**作为企业家，时刻要牢记，自己就是企业的天花板，自己前进一小步，企业前进一大步。**

只有自己不停地修炼，不间断地进步，才能带领企业持续健康发展。

## 02
## 吸引2号人物：纳核心高管入帐下

优秀的老板对企业发展的推动起着至关重要的作用，但企业的发展不是老板一个人就能推动的，必须有一个围绕老板的核心团队去推动。

只有柳传志的联想未必会有今天的辉煌，但培养出杨元庆、郭为等能独当一面的左膀右臂才是联想持续辉煌的原因。

格力电器能成为世界名牌，是董事长朱江洪和总裁董明珠默契配合的结果。

没有一帮生死兄弟，就没有史玉柱的东山再起，就不会有脑白金和巨人网络。

2011年，小米手机异军突起，成就了雷军的赫赫威名。可是小米还有许多的高管，来自微软、谷歌、金山等著名的IT公司。

想让企业做大做强，企业领袖必须做好核心团队的组建。

**其中的核心高管大多都是吸引过来的，他们是排在“1号人物”之下**

**需要人力资源聚焦的“2 号人物”。**

李开复说，任何一个好的老板至少要把 20% 的时间放在招聘上，要尽量找一些非常优秀的，最好是在某些方面比自己优秀的人。

海尔的张瑞敏则将企业所需的人才分为三类：人材、人才、人财。

能推动企业某一阶段发展的就是人才，但对于老板来说，该吸引来的是“人财”——能为企业带来巨大财富的高管。

想要吸引“人财”，除了老板的个人魅力，还要给他们更多跟随你的理由。**想纳行业将才入帐下，企业需要设置足够的“诱惑”点：待遇、平台、环境、股权、愿景。**

**1. 待遇吸引。**

人才可以看成商品，是可以标价的。职场上，职业经理人过去创造的价值决定现在的价格。企业在吸引核心高管时，评价一个人值多少钱，最核心的因素就是上一任工作创造的显性价值。即某一个职业经理人在上一任企业工作期间，企业业绩得到明显提升，大家公认是他的存在在推动企业发展。

没有足够的诱惑是吸引不了战功赫赫的人才的。

这类人才有三个特点：一般是年轻人；冲着待遇跳槽的；有结果导向的原则——我创造什么样的结果，你付我什么样的报酬。

不要期望他们一辈子跟着你，但他们一般职业道德都不错，合约期间会尽职尽责，把工作干得漂漂亮亮。（很多大陆企业聘用台湾的经理人，他们只跟企业谈利益，不谈忠诚。）

企业的发展是人才接力赛，不是一拨人的长跑。周期性的高薪吸引是企业在发展期纳高管入帐下的有效而直接的方式。吸引这类人才待遇至少比上一家单位开出的年薪高出 30%，才会有吸引力。

**2. 平台吸引。**

天下熙熙，皆为名来；天下攘攘，皆为利往。

大多数人一辈子都在为名利忙碌，紧随待遇之后，能吸引人的当然是“名”，而它与个人所在的平台有很大的关系。很多人一想到平台就想到职务，平台与职务有很大的关系，但是，平台不仅仅是职务，它有3种含义：职务；权限；人脉。

提供更高的职务是对一个人能力的肯定。一般高端人才跳槽，要么是平跳，要么是跳高。职务升一级，满足优秀人才对“名”的需求。除此之外还有非常重要的一项内容，职务对应的岗位描述，就是这个职务对谁负责，下级是谁，必须干的工作有哪些，一定要清晰地、标准地表述出来。

很多职业经理人跳槽很理性，他们关注权限甚于关注职务。权限是组织驱动力最有效的保障之一。只给职务，没有权限的承诺是吸引不到高端人才的，即便吸引到了也干不长久。

高端人才最在意的权限有两种：人事权限；费用审批权限。企业在招聘高端人才时，给职务的同时一定要明确权限。最好的管理就是身在千里之外，法眼无处不在，管就是不管，不管就是管。对于吸引而来的核心高管，要尽最大努力将他同化成与你一心的人，尽量做到用人不疑，不受挑拨，不受离间。同时也要做好激励和考核，做好授权管理。

人脉圈子也是平台的一部分，和谁经常交往决定了你的社会地位和层级。职业经理人在创造价值实现自我的过程中，内心也希望自己的圈子质量越来越高。现实生活中很多高管每一天除了工作、吃饭就是休息，长年累月重复同样的工作。这就造成了没有工作之外的圈子或者圈子不增加。

许多老板刻意不让高管接触新的高端圈子，怕职业经理人跳槽。还有一种情况，老板对待高管往往忽略其社交需求。高管是你的生意合作伙伴，能不能给高管创造社交的平台、能不能介绍高管进入你的人脉圈子、让核心高管与你一起成长，这也是平台吸引的一部分。

**3. 环境吸引。**

一个新人判断一个企业的实力是通过企业的硬件去判断的。

大硬件的好坏对员工的自豪感有直接的影响，对招聘人才有很大的吸引力；小硬件的好坏对招聘来的人才能否留下来具有至关重要的作用。

我曾经工作过的某民营集体企业，总部设在一个乡村里，距离县城有20多公里。尽管这家企业发展迅速，但是招人很困难。老板一直以为是待遇的问题，就不断地加薪，但招聘来的人工作一段时间后都找各种理由离职了。

后来我做执行总裁后，经过深入沟通，发现人才离职很大一部分原因是小硬件造成的——吃不好，睡不好，下班后没事干。一天两天可以，时间长了受不了。

经过和董事会沟通，我们改善了小硬件，设置了管理人员餐厅，聘请了专业厨师，装修了管理人员宿舍，购买了电视，安装了空调，修建了篮球场，购买了乒乓球台、羽毛球、台球等一系列娱乐体育设施。改造小硬件后招聘的管理人员几乎没有短期就离职的。

**这就是环境改造的魅力！通常核心高管对于小硬件的关注重视程度排序如下：住宿→吃饭→娱乐。**

硬环境对招聘人才、吸引人才具有至关重要的作用，软环境对把招聘来的人才留下来，并且能够长期留在企业工作具有至关重要的作用。

1999年底，我在一个企业做过几个月时间的区域总监。

刚加盟公司的时候，的确是雄心壮志，想干出一番成绩，但经历了几件事后，第4个月我就毅然决然离职了。

第一天上班，我早早到大门口，门卫不让进。我说我是新招聘的员工，没有工作证，门岗说他们只认证不认人。我建议他打电话到人力资源部或者营销部问一下。门岗始终没有打。最终经过沟通我借用门岗固定电话打通后才让我进公司大门。进去后办一个入职手续办了一天。到哪个部门工作人员都是爱理不理的，效率极低。

我的满腔热情第一天就被浇灭了。

后来，分市场时，我分到了一块“不毛之地”。随后知道，好的市场全被老板的亲戚和子弟兵占有。第二个月，一次晚上加班晚了一些，公交车已经没有了。因为厂区在开发区，如果走到市区需要一个多小时。我就打电话到经理办公室，希望公司能派车送我一程，我自己出钱都行。最终也没有协调下来。那天我一个人走到市区。尽管是夏天，但我的心冰冷冰冷的。

但我不甘心，我以为可以用业绩证明自己，提升我在企业的影响力。第三个月我创造了业务队伍中最好的业绩，领导在会上表扬了我，会下老板的亲戚和子弟兵却攻击我说：王冠群，就你能，就你爱表现！

那一刻，我彻底心凉了。这是什么团队啊？一个没有关怀，没有爱，没有温暖，没有效率，没有积极向上氛围的团队，待在这里干什么？

很多年后，我在业界已经小有成就，再见这位老板时，他一提起我的离职就倍感可惜，说他错过了一位人才。

**硬环境可以用钱解决，软环境要用管理构建和打造。不同的环境造就不同的行为方式和思维方式，同样一个人在不同的环境中，创造的价值是完全不一样的，这都是受软环境的影响。**

**企业为吸引高管，要建设好的人文环境，可以从这几方面入手。**

**——让员工感觉到关怀、爱和温暖。**

我曾经遇到一位职业经理人，能力很强，对企业发展贡献很大，但待遇并不高，企业硬件条件也很一般。行业很多知名企业高薪挖他，他都没有跳槽，他忠心耿耿地跟着老板干了8年。闲聊时得知，他刚去企业时，宿舍条件不好，老板把自己家里用的被褥送给他用；老板知道他是南方人不喜欢吃面条，特意交代厨师多给他做米饭吃；老板知道他胃不好，出国回来给他捎了几瓶胃药；逢年过节当他没有回家时，老板邀请他去家里过节。他当年自己创业失败欠了几十万的外债，老板知道后二话没说，预支给他几十万让他先把债务还上。他说在这里他收获了信任、关怀和爱，这是不能用钱来衡量的。

所以长期的问候和小恩小惠就是关怀和爱，这是一种品德，也是一种习惯。

**——给员工提供公平、公开、公正的工作环境。**

常言说“不患贫患不均”，员工不怕工资低，就怕不公平。很多民营企业都是从江湖阶段发展过来的，创业期大多用子弟兵和亲戚。这没有错，因为这些人忠诚度相对比较高，成本比较低。但企业发展到一定阶段，老板要做的就是不断同化后加盟企业的员工。员工最怕老板把员工分成两派：一派是自己人，一派是外人。无形中就制造了不公平。

企业发展的过程就是不断同化后加入的员工，让他们变成自己人，企业只有先加入和后加入员工之分，没有自己人和外人之分。这就需要阳光的晋级制度，阳光的薪酬制度，明明白白挣钱，明明白白升职。减少猜忌，才能提高效率。

**——创造积极向上、互相学习的环境。**

一个人本来有雄心壮志、积极乐观、充满斗志、热情有爱心，如果进入一家公司，身边的人个个冷漠，抱怨不断，迟到早退是家常便饭，兼职、扯皮、推诿，效率低下，领着工资骂着老板。时间久了他也会变成这样的人。这是软环境对人的直接影响。

企业的软环境是企业最好的招聘广告。在企业内部是相互帮助还是事不关己，高高挂起？是互相倾轧还是互相欣赏、互相学习、互相包容？是积极向上还是消极抱怨？这些都非常重要。没有人会喜欢在一个混乱、互相攻击、消极氛围的环境中工作，在这样的环境中，想要有所发展基本上是不可能的。要知道，在工作中，如果处处遭遇掣肘，上级领导互相倾轧，别说吸引人才，恐怕企业内部的优秀人才都会流失。

因此，“软硬兼施”，是吸引核心高管最有效的方式之一。

4. 股权吸引。

任何高端人才都不希望自己一辈子做打工仔，都怀揣着做老板或者做股东的梦想。工作和事业的区别就是：工作是做给别人的，事业是做给自己的；工作是8小时之内的，事业是不分昼夜的。

如何让核心高管把工作当事业干？

如何让核心高管和老板一样拼命？

如何让核心高管和老板一样操心？

最有效的方法就是将打工仔变股东，把老板的事情变成高管的事情，把员工的为老板干变成为自己干。

1997年1月8日注册成立的奇瑞汽车股份有限公司，连续9年蝉联中国自主品牌销量冠军，成为中国自主品牌中的代表和精品。奇瑞的发展奇迹与开放股权，与其吸引人才有很大的关系。据说，奇瑞把东风汽车设计院的20多个人请到奇瑞参观，结果这20多人中除了带队的领导外，全部都技术入股跳槽到奇瑞公司。到奇瑞公司后这个团队开发出几款新型产品，使奇瑞站稳了脚跟。

国内很多民营企业，只有股份制之名，没有股份制之实。我的朋友曾经经历过这样的一家民营企业。

这家企业连续两年亏损，销量持续下滑。老板为了挖他，3个月内8次登门拜访，真可谓态度诚恳，求贤若渴。承诺给他年薪数百万，还给20%的原始股份。最后一次带着律师和起草好的合同以示诚意。

签订合同后也很规范地履行了法律程序，变更了营业执照。但后来还是出了问题，闹了矛盾，并最终不欢而散。因为董事长有绝对控股权，董事长管财务，总经理管经营，分工也没有问题。问题是亏损时董事长从不干预总经理工作，总经理经过数月调整，企业扭亏为盈，并且连续赚钱后矛盾就产生了。董事长开始收权干预经营。这个我的朋友还能忍受，不能忍受的是：董事长不经股东表决同意私自把利润拿出购买豪华车辆、装修办公楼等，这些费用不是作为股东资产投资，而是作为费用分摊，这分明是不想给股东分红。

老板的行为符合公司章程，很合法，因为他绝对控股。但是我的朋友辛苦一年肯定就没有分红了，可是他入股的目的不就是为了分红吗？这就是真股东，假权益。

因为分红兑现不了，朋友伤心之余清算了股份，离开了企业，很多骨干看不到希望也陆陆续续撤了。这些核心骨干一走，企业发展趋势立马从蒸蒸日上变为江河日下，不到半年的时间又陷入亏损的泥潭。

还有一种企业，核心员工股东身份是真的，但老板公布的财务报表是假的。不管员工多么努力，业绩多么好，财务年报要么微利，要么亏损。每到年底，老板都哭穷，要么不分红，要么象征性地分点红。老板把很多核心员工当猴耍，岂不知最终耍了自己！

其实，作为老板不要怕你的员工多挣了。当你的员工多挣了，你一定会比他挣得更多。不要看着他多挣，你就想着法子让他少挣，这是不行的，一定让他多挣、持续地挣。他挣得越多，岂不是意味着你挣得就越多？

**所以，企业吸引高管时，股权吸引的透明度很关键。**

股权吸引，就是吸引那些能推动企业高速发展的高端人才，吸引离不开的人才。而且要真吸引、真股权、真分红，及时分红。

公司要建立一整套透明的股权制度，特别是对内要透明。如果不透明，员工会以为老板想刻意隐瞒什么。曾经一个企业老板嚷嚷说企业亏损，高管都不相信。为什么？就因为财务不透明。

高管都把老板往坏处想。在黑暗当中，人容易把事情或对方往坏里想。在对环境不明确的情况下，人有防卫本能，高估风险；但在透明条件下，人有安全感，就可以良性互动，甚至给予正面激励。

**5. 愿景吸引。**

这是最高层次的吸引方法。用愿景吸引过来的人才一般都会成为企业的中流砥柱。

**愿景吸引的核心点是将公司的远景与人才个人发展规划结合起来。**

企业愿景是指企业的长期愿望、未来状况、发展方向及战略定位等永恒的追求，它体现了企业家的立场和信仰，是企业家对企业未来的设想。一句话，就是企业的理想，企业的终极目标。

诸葛亮之所以出山跟随刘备打天下，不是刘备多么强大，也不是刘备许诺给诸葛亮高官厚禄。首先，诸葛亮认可刘备这个人，其次认为跟着刘备能发展。

他认为刘备能成就伟业，尽管当时刘备人力物力财力都缺。但刘备打着中山靖王之后的名义要“匡扶汉室”。这就是刘备集团的愿景。

刘备在诸葛亮眼中就是“绩优股”。诸葛亮当然可以去孙权集团、曹操集团，但当时无论是孙权集团还是曹操集团都人才济济，他去了没有位置。刘备的目标恰好是诸葛亮寻觅已久的理想，他相信跟着刘备有前途。

**关于企业的愿景吸引，人才只关注两点：老板是谁？如何发展？**

**其一，企业家是一个企业的代言人。**他的一言一行都会渗透到企业的经营管理当中，他的思维和观念决定这家企业发展的方向，他的思想、学识、气魄、信仰、抱负、性格、品德等都是构成企业文化的基本元素。这一切都会成为以企业家为核心，吸引核心骨干的基石，同时决定着企业的兴衰成败。

大家都知道史玉柱很厉害，因为巨人集团倒掉后，他做网游成功了，做保健品脑白金成功了，投资银行又成功了。史玉柱的成功不仅仅是史玉柱厉害，还因为他身边有一批很厉害的人。这批人厉害之处就在于当巨人集团倒闭后，他们敢于不要任何待遇跟随史玉柱！因为他们相信史玉柱一定会东山再起，一定会成功，他们在给自己投资未来！

**其二，发展包含两个方面：一是企业的发展前景和发展潜力；二是个人在企业内部的发展空间。**

曾经一个做小品类的企业，求贤若渴，想挖另一个企业的核心高管，老板将工资翻了一倍，最终也没有成功。他问我是不是对方嫌他的企业规模小。其实规模小是一个表象，实质上因为一个是知名品牌，一个是刚起步的小买卖，现在的员工选择工作除了收入之外还讲究荣誉感、自豪感，在你的小企业没有成就感，最关键的发展前景和发展潜力没有吸引力。

所以，我们说，企业的远景对核心高管有着致命的吸引力，他们注重的更多的是未来的发展机会。核心高管不会因为你强大就会被吸引过来，只有跟着你有饭吃、有酒喝、有肉吃，能够实现他的人生价值，他才有可能会来。

经常听到一些老板说：只要是人才，我不怕出高薪，可问题是我不知道人才在哪里，我找不到，有钱都花不出去。

更有甚者，在各地的人力资源市场上，我经常看到有企业招聘营销总监、总经理等核心高管。各地的人力资源市场上找工作的要么是学生，要么是中基层员工，在这样的市场中怎么可能招聘到核心高管？再说真正的核心高管会到这类人力资源市场找工作吗？

**高端人才一定在高端人才集聚的地方。**正如买宝马一定要去宝马的4S店，去奇瑞店中买不到宝马。

如果竞争对手比你发展得快，那么高端人才就在竞争对手公司中；如果你是中小企业，那么高端人才就在比你规模大的同行业竞争企业中；如果你不好意思到竞争的企业挖人，那就到各个大学的EMBA俱乐部挖人去；

如果上面这些地方你都不好意思下手，那就委托猎头公司去挖你需要的人才。

**不管企业用哪种方法吸引人才，一定要注意以下几点：**

——吸引比上一任高管厉害的人，厉害的人创造厉害的业绩。

——想做10个亿就吸引做过10个亿业绩的操盘手，这样可以少走弯路。

——用具有创造性的年龄段的人（30~45岁），不要期望遇见“黄忠”。

——40岁以下的年轻人用钱吸引，40岁以上的中年人用价值观吸引。

——“试才、辨贤”的过程可以长一些，但一经确定就要大胆授权。

——不管对方和你的理念多么融合，你都要给对方更高的工资，更高的平台，这样对方才会全力以赴。

**核心高管是一种稀缺资源，不能吸引到是无能，不能用好是浪费。**关于核心高管的选择、任用，社会上是众说纷纭，有人说“空降兵”好，能给企业注入了新的活力；有人说“空降兵”不好，很难融入企业文化，缺少忠诚之心……

但是，有一句话说“人心换人心”，身为老板一定要努力同化核心高管，帮助他尽快融入企业，使他与企业一条心。

同时要能扶其“上马”：让竭诚拥戴的老员工做他的左膀右臂；变革不避权贵，维护高管变革公司的威严；对其深信不疑，不受挑拨，不受离间。

## 03 选拔 3 号人物：竞聘最好的中层

如果把一个企业比作一个人，那么高层管理者就是大脑，要思考企业的战略和方向；中层就是脊柱，协助大脑传达和执行命令到四肢——基层，他们起着承上启下的作用，对上沟通，对下管理、指导。

“工”字中间加一横，就变成了“王”。一个人从员工变成管理者，在业务能力方面，首先要求：部下不会的你会，你会的部下不会。如此，才有统摄力。

**在企业团队中，中层是人力资源聚焦的“3 号人物”。**也可以说，中层就是老板的代言人。如果说高管是从外面挖来的高尖力量，那中层就是从内部选拔出来的中坚力量。中层管理者素养的好坏、是否称职、能力能否得到充分发挥，直接影响到企业的发展。很多企业战略和方向没有问题，可业绩就是上不去，就是因为中层出了问题。

**中层管理者最好从内部竞聘而生，不要去挖，要自己培养。**

一是内部竞聘的人最熟悉公司的业务及文化，二是外来的人需要一个磨合期，且不太容易服众，对公司暂时还没有忠诚感，容易流失，造成招聘代价高昂。身为老板，一定不要让你的中高层管理者有任何机会隐藏他们团队的人才，公司最优秀的人才是属于公司的。而中层选拔，就是将这批人才挖掘出来。

可是，对于中层的选拔，许多领导又十分苦恼：

合自己心意的可能不合大家心意，如果硬是安排下去，可能不服众，底下员工闹罢工；合大家心意的可能不合领导心意，比如说这个人确实与大家相处得很好，但是工作能力差些；甚至还有两个人能力都差不多，提拔哪个都不好，提了这个另一个肯定闹脾气，说不定还会走人，造成人才的流失……

**其实，所有的这些问题都可以通过竞聘的方式来解决。**

我曾经管理的一家企业，有一名员工 3 年都没有竞聘上中层管理的职位，他却没有任何怨言。为什么？因为竞聘公平、公正、公开，他的成绩、表现全都落在众人的眼里，不服气也不行。这种竞聘的方式排除了特权，排除了人情，是金子还是沙子，全由你自己的价值决定。

中层选拔竞聘要力求做到起点公平、过程公开、结果公正。目的就是为有能力想做事的人创造起点公平、机会均等的舞台和环境。

要知道，任何人都有机会成为比尔·盖茨，而竞聘就是给所有人一个机会。这个机会会给员工带来更多的工作动力及兴趣，给企业带来更多的和谐发展。

我们曾经服务过的一家企业就搞过一个竞聘。原来是任命制，但是上任后不能服众——同样的职位，凭什么他当领导呢？员工闹情绪、闹别扭，企业业绩下滑。而竞聘之后呢，大家都无话可说，因为这是公开的、有报名条件的、有竞聘程序的。竞聘上了，说明你能力强；竞聘不上，说明你能力有问题。

竞聘机制的建立，等于给员工设置一条升迁的公开通道。什么岗位通过什么方式产生，需要具备什么业绩和能力，一目了然。等于告诉员工，你的未来掌握在你自己手中。只要你努力，一切皆有可能！

**公开竞聘的方式，可调动员工的工作参与性，提升主人翁意识。**

这样做不仅能够充分展现员工的能力，也能使员工了解到自己的优势与不足，从而弥补差距，有利于员工的成长；对于公司来讲，公开竞聘的方式消除了不公平，消除了特权，还有利于提高公司上下的凝聚力，增强企业活力，从而有助于公司的发展。

以网络游戏起家的盛大，在员工管理方面也引入了游戏的精髓——盛大游戏式管理体系。该体系的核心就是所有的员工都将有一个自己的经验值——时间经验值和项目经验值，就像是在游戏中一样，员工平时的表现和工作业绩，都会被其经验值忠实地记录下来。

每名新到的员工，先是根据情况定级，而后，只要完成本职工作，就会自动增加经验值。假设他想从最初的 1 级上升到 2 级，需完成 200 个经验值，而他每天完成工作自动增加经验值为 2 点，那么他仅需 100 天就能完成升级。如若在这过程中，他参与了其他项目，升级所需要的经验值提前完成，那么他就有可能提前升级。

该管理经验值体系体现了公平公正性，且完全公开。员工可以实时查询并管理自己的经验值。而给员工晋升和加薪，不再由管理者说了算，而是由经验值说了算。只要你是真正的优秀，按照标准练级，绝对会升级。只要员工想参与的竞聘岗位，任何领导都不能找任何借口阻拦。

下面有一份我在实际工作中总结提炼的关于中层选拔的方法和流程，该方案遵循了公平、公正、公开的原则，基本上很多企业都可以拿来即用。

**中层的选拔：竞聘（内部）方法和流程**

**使用范围：** 主管、经理、总监级别（中层管理人员、基层主要关键岗位）。

**竞聘目的：** 为有能力想做事的人创造起点公平、机会均等的舞台和环境。

**流程：**

1. 竞聘名额公布。

2. 竞聘岗位描述。

3. 报名时间及地点公示：

（1）报名时间：年____月____日____点截止；

（2）报名地点：____________________；

（3）联系人：咨询电话：____________；

（4）报名方式：填写报名表提交______审核。

4. 报名条件公示，例如：

（1）身体健康，有良好的职业道德；

（2）年龄27~36岁，大专以上学历；

（3）熟练电脑基本操作；

（4）在本公司转正后工作______年以上；

（5）其他岗位技能要求。

5. 资格审查。例如：

（1）当年工作中未受过公司级处分；

（2）业绩或者关键KPI符合报名条件；

（3）流程：直接上级初步审核，审核组通过后，名单报竞聘会务组；

（4）直接上级对报名者所填信息的真实性负责。每例作弊者对直接上级负激励500元，报名人直接取消竞聘资格。

6. 竞聘方式：公开竞聘，可允许不参加竞聘的任何人旁听。

7. 竞聘程序。例如：

（1）报名竞聘人员经审察符合竞聘条件，复核后方可参加竞聘；

（2）竞聘前 30 分钟现场抽签，编排竞聘顺序，竞聘人员按顺序参加竞聘；

（3）参加竞聘人员竞聘前不得滞留竞聘现场，如发现滞留现场者取消竞聘资格；

（4）竞聘人发表演讲，时间为 15 分钟（主题演讲，可提前一天命题或者现场命题）；

（5）抽题答辩，每人三题（专业理论、实战、发散性思维），时间为 10 分钟；

（6）竞聘人自由答辩（评委随机提问），时间为 5 分钟。

备注：规定时间用完停止演讲。

8. 参评项目及评分标准。例如：

（1）参评项目：演讲答辩分、360 评议分；

（2）评分标准：竞聘人最后得分＝演讲答辩分＋评议分；演讲答辩分和领导评议比为 70 ∶ 30；

演讲分 50 分——命题演讲，30 分，例如《假如我是 × 部总监，在 2014 年如何开展工作》；抽题答辩，10 分；评委随机提问，10 分。

9. 竞聘时间：______年______月______日______点；

10. 竞聘地点：____________；

11. 评委组成：____________（一般不少于 6 人）；

12. 评分办法：每项去掉一个最高分，去掉一个最低分，总分除以参评人数为最后得分（最高分和最低分有重复的，只去掉一个最高分和最低分），小数点后保留 2 位数。

13. 结果公告：

（1）现场评分，现场亮分，现场公布最后得分；

（2）竞聘结束和议后张榜公布任命结果。

14. 现场工作人员：

（1）主持人：______；

（2）电脑操作：______；

（3）收发表格并汇总分数：______；

（4）传达竞聘人员：______；

（5）抽签：______；

（6）计时：______。

15. 准备工作安排：

（1）现场组织、会场布置、服务工作，负责人：______；

（2）记分、总分、公布最后得分工作，负责人：______；

（3）现场拍照工作，负责人：______。

16. 特别提醒：

（1）竞聘的公平性是所有参加竞聘的人关注的重点，过程的公开、公平、公正要用制度来保证；

（2）内部竞聘是选拔中基层干部最有效的方法，改相马为赛马；

（3）竞聘过程一定要规范、严肃；

（4）竞聘就是选拔干部，总经理一定要全程参加；

（5）业绩不过关的，就失去竞聘资格，业绩相当于预选赛，预选赛通不过的，就参加不了决赛；

（6）最终我们选拔出来的经理一定是能干、会讲、会带队伍的人。业绩证明竞聘人能不能干，竞聘演讲证明他会不会讲；360度评议证明他会不会带队伍。

为了方便管理者选拔中层，现专门附上竞聘的报名表和评分表，以供管理者使用。

附件 1：竞聘报名表

| 姓名 | | 年龄 | | 竞聘职位 | 营销经理 | |
|---|---|---|---|---|---|---|
| 学历 | | 婚否 | | 身份证号 | | |
| 住址 | | | | 手机 | | |
| 工作年限 | | 从事营销工作年限 | | | | |
| 从事 XX 行业营销工作年限 | | | | | | |
| 成功操作 20 万元市场名称 | | | | | | |
| 工作起止时间 | 工作单位 | 职务 | | 证明人 | 联系方式 | 备注 |
| | | | | | | |
| | | | | | | |
| | | | | | | |
| | | | | | | |
| 经理审核 | | 总监签批 | | | 竞聘组核实 | |
| 填写人对以上内容真实性负责；否则，取消其竞聘资格。 | | | | | | |

附件 2：评分表

| 命题演讲（30 分） | 分数 | 答辩（满分 10 分） | 分数 | 评委提问（满分 10 分） | 分数 |
|---|---|---|---|---|---|
| 主题 8 分 | 非常明确 8 分<br>明确 5 分<br>不明确 0 分 | 主题 3 分 | 非常明确 3 分<br>明确 2 分<br>一般 1 分 | 主题 3 分 | 非常明确 3 分<br>明确 2 分<br>一般 1 分 |
| 思路 8 分 | 非常清晰 8 分<br>清晰 2 分<br>不清晰 2 分 | 思路 3 分 | 非常清晰 3 分<br>清晰 2 分<br>一般 1 分 | 思路 3 分 | 非常清晰 3 分<br>清晰 2 分<br>一般 1 分 |
| 方法 7 分 | 可行性强 7 分<br>可行 3 分<br>不可行 1 分 | 有创新 2 分 | 非常强 2 分<br>较强 1.5 分<br>一般 0.5 分 | 逻辑 2 分 | 非常强 2 分<br>较强 1.5 分<br>一般 0.5 分 |
| 应变 7 分 | 非常强 7 分<br>较强 3 分<br>较差 1 分 | 应变 2 分 | 非常强 2 分<br>较强 1.5 分<br>一般 0.5 分 | 应变 2 分 | 非常强 2 分<br>较强 1.5 分<br>一般 0.5 分 |
| 合计得分 | | 合计得分 | | 合计得分 | |

## 04
## 培养4号人物：把老A训练成专才

决定一支队伍战斗力的不是战士数量，是特种兵数量；决定一个企业业绩的，不是员工数量，是精英员工数量。这符合“二八定律”：

**一个企业20%的精英创造了80%的业绩。**

**这20%就是老A，就是企业的特种兵，也是企业进行人力资源聚焦的“4号人物”。**

一个国家为什么要搞特种部队，是因为其战斗力强。一个企业、一个营销团队，如果手里没有几个老A，业绩想提升很难，因为老A是直接去一线创造业绩的人。如果说高层需要全才，那么基层则需要老A，也就是专才。

**专才都是培养出来的，企业可以使用4步法将基层老A培养出来。**

**第一步，先发现，后培养。**

老A属于特种兵，没有潜能成不了特种兵。试想一下，姚明如果身高不行，你培养他 20 年，他也打不了这么好的篮球；刘翔如果不擅长跑步，你再怎么培养也成不了世界冠军。

那么如何从众多员工中发现值得培养的“苗子”？

其一，发掘员工的天赋。天赋就是天分，成才之前在某些事物或领域具备天生擅长的能力或者天生执念（极大的热情）。例如姚明的身高、刘翔跨栏的节奏、郎朗的手、宋祖英的嗓子等等，他们在自己的领域成功首先与天赋有很大的关系。

其二，看一个员工的兴趣和爱好。也就是看一个员工喜欢干什么，有什么爱好，在谈什么话题，干什么事情时最兴奋，在干哪些工作时有灵感，压力很大、任务很重时依然斗志昂扬。不是所有的员工都有天赋，有天赋的毕竟是少数。没有天赋的人只要有兴趣和爱好，通过后天的培养也可以成为精英。兴趣和爱好是一个人成长最好的导师。

2006 年我们在河南商专招聘一批营销专业的学生，经过 3 年的培养和历练，有几个竞聘上了区域经理。其中有一个思维很敏捷，工作总结文笔比较好的，我把他调进了市场部。半年后，市场部总监找我说，这个人不适合做策划工作，他对产品、策划案没有敏感度，在办公室也坐不住。我很诧异，就找他来沟通。

我问他：“你不喜欢策划工作？

他看了我一眼怯怯地说：“王总我可以说实话吗？”

我说：“今天找你沟通，就想听你说实话。”

他回答：“我知道您对我好，我也知道市场部在公司很重要，可是我不喜欢坐在办公室里做策划工作，干我不喜欢的工作，我自己很痛苦，工作也干不好。”

我问他：“那么你喜欢干什么？”

他回答：“我喜欢到市场上做营销。”

在谈话的过程中，他承认自己干得很不开心，很郁闷，很没有成就感。

在沟通的过程中，谈到如何达成销量，他立刻来了精神，从产品角度讲如何分品相增量；从市场角度讲如何增加客户数量，如何建设大市场增量；从管理的角度谈如何调动业务增量；从策略的角度谈如何有效利用政策增量；等等，谈得头头是道。

随后我又把他调到市场上做区域经理，他连续两年因为业绩出色被评为“年度功勋经理”，目前他已经做到一家中型食品企业的营销总监职务。

一个人即便有天赋，如果放错了位置，照样一生碌碌无为，刘翔当年是跑短跑的，后来教练发现他对跨栏很有感觉，就改练了项目，这才有了后来奥运冠军刘翔的风采。一个人即便没有天赋，如果对某一项工作特别感兴趣，让他干自己感兴趣的工作，他干好的概率就非常高。

对数据敏感、干工作责任心强的人，那就派他去做财务、质检工作；沟通能力强、协调能力强、情商高的人那就派他做行政工作；喜欢和陌生人打交道，喜欢挑战的人，那就派他去做营销工作；原则性强，认制度不认人的员工你就派他去做仓库管理或者采购工作。发现员工兴趣和爱好，放对位置，员工就会成为精英。

其三，经常开会，从会议中发现“会叫的千里马”。

精英都有一个共性，喜欢主动和别人沟通，表达自己的意见，展示自己的优势，得到别人的认可。你很难见到一个从不主动和别人沟通，开会从来不发言的人会很快得到提升。

2012年6月份，有个业务员要辞职，事由是回家结婚。经理极力挽留，他执意要走；总监挽留，他还是执意要辞职。总监和经理觉得他除了性格内向外，工作还是很务实，业绩也不错，就让我出面挽留他。

当他怯怯地进入我的办公室时，我离开班台坐在沙发上平心静气地和他沟通。

经过一番沟通，他放松了很多。我说："作为一个管理者，一个和你工作过3年的同事，我想知道你离职的真实原因。如果你家里有困难，我可以尽力帮你；如果是企业管理上存在问题，你的建议也将被采纳。"也许是被我的真诚打动，似乎他压抑很久的情感在瞬间释放。他说自己工作是如何用心，业绩是如何突出，3年了却得不到提升，感觉公司伯乐太少。这才是他离职的真实原因！

等他心情平静一些后，我问他："你每个月主动给同事沟通过吗？"他摇头。"你主动和经理沟通过吗？"他摇头。"你主动和总监沟通过吗？"他摇头。"每次会议你主动发言吗？"他还是摇头。我实话实说地告诉他，在他进办公室之前我也不认识他。他茫然地看着我。我接着问："你觉得公司的竞聘制度如何？"他说公开、公平、公正，很好。"你觉得竞聘上主管、经理的人能力如何？"他说也不错。我一直在问问题，最后他脸红了，说："领导，我知道问题出在哪了。"

这就是问题所在。他每天只知道"低头拉车，不知道抬头看路"。不和同事沟通就没有群众基础，不主动和领导沟通，就得不到领导的有力推荐。公司每年的主管竞聘要经过业绩考核、经理推荐、电脑考试、竞聘等环节，差不多是10：1录取。能竞聘上的每个人都是"战功卓著"。

同样业绩优秀的部下，你是领导你推荐谁？在一个组织里，领导永远是少数，基层是多数；领导不可能关注到每一位员工。表演的舞台只有一个，想上去表演的演员却很多，关键是你如何让导演看到你。职场中很多员工见了领导绕着走，绕走的是机会。有些人说和领导打招呼是套近乎，其实套近乎是一种能力。你能让多大的领导记住你，你就有多大的升迁机会。如果一个人有实际操作能力而不会表现，那才是人生最大的悲哀。

其四，经常设置PK项目，在PK中发现精英。

每个人都希望自己比别人强，这是人的天性。同样一项工作，PK后员工投入的重视程度和精力是不一样的。因为PK必然有胜负输赢，必然有奖惩。

我在某企业做总经理时，招聘了一个食品专业的研究生做研发工程师助理。工作的第二年他写申请要求转为工程师。他认为自己不比其他工程师能力差，他说其他工程师能做的他也能做到。我和研究所所长沟通后，觉得不妥。这个行业没有三年五年是出不了师的。于是就没有同意他转为工程师。

几天后他敲开了我办公室的门。他问我："做到什么水平才能转为一个合格的工程师？"

我说："别的工程师能研发的口味、面体，你不借助外力，自己也能研发，你就能做工程师。"

他眼睛放光，问道："王总，那你能不能给我一个考试的机会，看看我到底能不能做到。"

我回答："遇到合适的机会，我尽力帮你安排机会。"

做工程师的性格都比较偏执，如果让他直接和师傅PK，师傅会"造反"；如果不给他证明自己的机会，首先作为领导不称职，其次他可能会离职。

不久公司策划一个新产品，我安排市场部这个新产品的口味内外招标，同样价格谁的口味好用谁的。这位助理工程师要求参与，我和所长沟通后同意了。

奇迹就这么产生了，四个口味他一人独中两个口味！所以我和所长沟通后主动给他转了正。

这就是PK的魅力。有些员工的能量只有在PK的过程中才能发挥出来，表现出来。当然，不是所有的"苗子"都能培养成精英，培养的方法很重要，跟谁学也很重要。学木匠最好的师傅一定是鲁班，学降龙十八掌最好的师傅一定是丐帮的洪七公。名师出高徒，专业的老师才能培养出专业的徒弟。老子说："知人者智，自知者明。胜人者力，自胜者强。"只有充分了解下属的能力、个性特点，才能做到有的放矢，充分发挥下属的潜能、工作积极性和特长，提高团队绩效。

第二步，对发现的“苗子”进行专业训练。

企业需要专才，而专才的培养需要专业的训练。传、帮、带就是专业训练术之一。

海底捞的业务老A是建立在师徒制“传帮带”基础上的。每个新入门员工都会安排一个师傅，师傅负责把新员工引进门，文化的传递由此而达成。比如，张勇是杨小丽的师傅，杨小丽是北京大区总经理袁华强的师傅，袁华强是林忆的师傅。这四个人中除了张勇无师自通之外，其他三人脱颖而出，都与师傅的发现和培养大有关联。

养元秉持“憨厚做人，严谨做事”的风格，始终以做事业的心态做工作，各部门领导手把手带下属时，都会有意识地将养元的企业文化在工作的一点一滴中不断进行灌输，从而造就了一批批成功的养元人。

传、帮、带就是以老带新，师傅是榜样，当教练员，不仅能讲，还能做示范。

◇传，不仅要传技能、传经验，更重要的是传作风、传思想。要主动把自己的岗位技能和工作经验传授给下属。

◇帮，不仅是在工作上、技能上帮助下属，在生活上也要主动关爱他们。

◇带，就是手把手地带领下属克服困难，完成任务，带领他们成长。学校的知识，在工作中需要转化成实际的工作能力，这种转化，需要过程。师傅带徒弟的方式，是推进这种转化并推动工作的最好方式。

通常来说，传、帮、带需要5个步骤：

——**我先做**。师傅要做样板，做给员工看，让员工模仿。要求别人做的事，自己要会、要精。员工会相信、会做他看到的事情，所以以身作则是师傅的关键。

——**我做，你看。**示范和解释是培训最好的方式。师傅与员工一起做，协同，传手艺。在做之前一定要和员工一起明确目标，寻找措施和方法，预见过程中可能会出什么问题，进度如何把控，等。做好后还要询问员工学到了什么。

——**你做，我看。**师傅看着员工做，观察员工的行为，而后给出反馈、建议。在师傅的指导下，反复练习是进步最快的，同时也可在无形中提高师傅的地位。到这一步时，要注重几个关键点：①徒弟做之前师傅一定要引导他做方案，而不是直接给答案。②过程中每完成一个环节，一定要让徒弟解释为什么这么做。③在观察的过程中，一定要保持观察者的身份，不可出现以裁判当球员现象。④事后要肯定徒弟哪些环节做得好，给予表扬，增强自信心，激发积极性；哪些环节还存在问题，指导怎么改进。

——**你自己做，但你随时可以问我。**师傅指导员工做，在这个过程中可以就细节发现、纠正员工的一些问题，形成良好的汇报制度和沟通习惯。

——**他做，带着另外一个人做。**师傅逼着员工做师傅，强化能力，这样不仅员工自己熟练掌握了技能，还能教会别人。

**第三步，多实战，老A是折腾出来的。**

仅仅靠培训是培养不出特种兵的，特种兵一定是在实战当中锻炼出来的，是在实战中“折腾”出来的。

职场中人敢折腾才有机会，经折腾才能成长，善折腾才会成功。成功是留给有目标、有准备、有胆识、敢折腾的人的。在激烈的市场竞争中，不但要比战斗力、攻击力，还要拼激情、耐力。任何人要成为团队需要的人才，都要经受组织、社会和环境的磨炼——折腾。如同好钢需要千锤百炼、好玉需要打磨、唐僧取经需要历经九九八十一难一样，在职业生涯中，要能够承受来自各方的压力，经得起各种心理和生理的考验，才能成为团队需要的可用之才。

如果你把销售过程中的每一次“折腾”、每一次失败和挫折都当成向成交迈进的一步，不气馁、不妥协，而且顶得住压力、耐得住寂寞、受得了委屈、经得起折腾，那么下一个精英，一定就是你！

**企业要想将老 A 炼成专才，可以有意地“折腾”。**

**1. 先按“蘑菇定律”冷淡处理一段时间。**

管理学中的“蘑菇定律”，是对初入职场的人的管理方法。不管你是什么学历，什么能力，都先把你放在阴暗的角落（不受重视的部门，做打杂跑腿的工作），浇上一头大粪（无端批评，指责），任其自生自灭。目的是消除不切实际的幻想，让员工更接近现实，看问题更实际。如此，能坚持下来的人才能成为企业的培养对象。

就像少林寺的和尚，想学真功夫就得先从扫地、提水开始。我们看武侠小说中的许多大侠，他们之所以能成为武林高手，都是“冬练三九，夏练三伏”，每一个都没有少练了基本功——扎马步。

任何成功都是熬出来的。企业中人才的成长和成功练的是长跑，比的是耐力，靠的是毅力。蘑菇定律，就是让员工有把冷板凳坐热，把铁板凳坐穿的耐心。职场实际上就是竞技场，比拼的就是耐力和毅力。

2002 年，我在河南一家食品企业做营销总监时，年薪超过 10 万，公司给配有专车，后来因为企业管理混乱，趋势不好，我在 2003 年 1 月加盟了斯美特。当时和董事长谈的职位是市场总监，到位后因种种原因很难开展工作，于是我主动要求去任务最高的区域做销售。

从有专车回归到背包、拉着箱子坐长途车出差，住几十元的旅社，心理落差非常大。但我坚持下来了。不但坚持下来了，在 2003 年，我带领的团队还创造了业绩奇迹，在豫东南区域我们创造了一个年销量超过 1000 万的县级市场，8 个年销量超过 600 万的市场，12 个年销量超过 100 万的市场。

于是当年年底董事长钦点我回总部做市场总监。

随后我带领市场部的同仁开发了“思圆”系列产品。随着“思圆”系列推广的成功，我也从市场总监，升任营销副总，然后升任具有10个生产基地的公司总经理。其间，也遭受了不少排挤、误会、磨难，但我都坚持下来了；其间，外面也有很多诱惑，有很多猎头公司，有近10个知名企业的老板联系我，许诺的待遇最高的是我在斯美特年薪的6倍！我也曾经动摇过，但最终经受住了诱惑，在斯美特坚守了很多年。

而我今天的成就和行业地位，与在斯美特8年的实操和磨炼有密不可分的关系。

吃苦和磨炼是发展的本钱，经历是职业发展的本钱，失败是成功的本钱，职场中有这三个本钱会终生受益。

当你抱怨领导不重用你时，问问自己：是否把冷板凳坐热了？耐不住寂寞，就成不了大器。公司永远不会提拔一个没有基层经验的人做高管。记住：人的能力和胸怀是委屈撑大的。

**2. 鞭打快牛，增压折腾。**

很多员工都希望领导分任务时给自己少分点。有些员工甚至为少分几万元的销售额和领导争论不休。可能你也能说服领导得到你想要的结果，但对于你的成长有百害而无一利。

营销系统有一个成语：鞭打快牛。就是说谁任务完成得好，下个月或下年度任务就会更高。没完成任务的人看到这个结果往往会偷着乐。但统计结果表明，越是加任务的区域，越是完成得好、增量多；越是降任务的区域，越是达不成，最后市场丢了。

很多人的潜力都是在压力面前激发出来的。

斯美特自2004年到2010年每年的增速没有低于40%。每一年大家都感觉压力很大，目标很艰巨。但连续 7 年我们都达成了目标。

当年，我也是一直采用高压式管理。日常管理中很少表扬员工，通常都是批评，每一天都会把业绩排名，主要工作进度发给各个部门，让他们始终感受到极大的压力。

甚至流传一句话：王总只会批评他认为值得培养的人，不值得培养的人他是不会批评的。正是这种高压式管理，培养了一大批精英。

小时候妈妈发豆芽，豆芽上面压石头，我不理解什么意思。后来才知道原来如果上面没有压力，豆芽就又细又长。

压力是成长的开始。大庆铁人王进喜有句名言，“井无压力不出油，人无压力轻飘飘”。在强大的压力面前，人有时可以做出超越人体极限的事情来。人的潜力在压力下才能更好地激发。人的工作业绩必须在能力之上，**能力是在解决问题的过程中锻炼出来的，企业应放手让老 A 担重任。**

**3. 移形换位法，让老 A 多轮岗。**

经历决定能力。人只有看得多、做得多、经历得多，能力才有可能超越别人。企业看中的有潜力的老 A，只在一个区域或部门是远远不够的，必须在不同岗位磨炼，实行轮岗。

轮岗，可以开阔员工眼界，扩大知识面，加强与同事之间的交流；轮岗，可以培养员工全面了解业务工作的能力和对全局性问题进行分析判断的能力。长期工作在同一岗位的人，敏感度和创造性会下降，会有疲顿倾向，改变环境可以激发员工斗志，重燃战斗热情。

轮岗有两种：一种是被动轮岗，一种是主动轮岗。

一般来说，一个人在一个岗位上都要经历 4 个周期：熟悉学习期；快速发展期；平稳发展期；僵化阻碍期。熟悉学习期基本上半年就够了，快速发展期在两年之内，任何一个人到一个新的环境中都想证明自己存在的价值，这一阶段他会花费 100% 的精力投入到工作中，创造价值获得领导和团队成员的认可。所以这一阶段是成长最快的。这一阶段过后，一般人就被环境同化了。因为惯性，还会平稳地发展。在之后激情递减，就出现了阻碍僵化现象。这个时候如果还在同一个岗位上，要么耽搁自己，要么影响别人。所以这个时候需要换换岗位，这就是被动轮岗。主动轮岗就是某个员工被确定为重点培养对象，公司有意识地，按周期地给他调整岗位。

轮岗是一种考验，也是一种历练。经受住了，就能成才。

**4. 常态 PK 法。**

为什么各国军队要不停地搞军事演习？因为只有这样才能提升队伍的战斗能力。为什么运动员要马不停蹄的参加各种赛事？因为参加比赛就是最好的锻炼方式，在比赛中锻炼，在比赛中成长。

PK 不但能够发现“苗子”，还是培养老 A 最有效的方法。PK 的过程就是一个相马和赛马的过程。

在海尔，任何人只要有能力都有升迁的可能，员工都有一个充分发挥自我的空间。张瑞敏说：“给你比赛的场地，帮你明确比赛的目标，公开比赛的规则，谁能跑到最前面，谁就是良马。”“你能翻多大的跟头，我就给你搭多大的舞台。”

尽可能多地设置常态化 PK 项目，在赛马的过程中历练和提升老 A。

**第四步，专注于对老 A 长板的培养。**

每个人都有自己的特长和短板。

想到刘翔我们就会联想到 110 米跨栏；想到姚明我们会联想到篮球，NBA；想到郎朗我们会联想到钢琴；想到宋祖英我们会想到民歌；想到袁隆平我们就会联想到杂交水稻；想到陈景润我们会联想到哥德巴赫猜想、数学家……这些长板和符号奠定了他们的行业地位、社会地位。你不会考虑姚明和刘翔会不会写文章，郎朗会不会打篮球，陈景润会不会演讲。人们更关注什么促使他们走向成功？

对于职场老 A 的历练，一定是让他的特长越来越长，而不是弥补他的不足。

前不久，偶遇一个17年前的同事，发现他依然在做业务员，他很是不解：为什么同样工作17年，我们的差距这么大？因为这17年他在不同的行业跳槽，从事不同的职业，从快消品企业跳到工业品企业，从工业品企业跳到餐饮企业，然后又跳回快消品企业。他有跳槽的经历，但是没有成功的经验。而我一直在快消品行业，从台资企业到跨国企业，从跨国企业到民营企业，从最底层业务员做到总裁。这就是专注的力量，这就是聚焦的力量！现在工作之余我也讲课，很多企业问我讲哪些课？我说我只讲《聚焦》。多年的经验告诉我：当你什么都会的时候你肯定什么都不精通！

博恩·崔西说过：任何一个人只要专注于一个领域，5年内可以成为专家，10年可以成为权威，15年就可以成为世界顶尖。也就是说，只要你能在一个特定领域，投入7300个小时，就能成为专家；投入14600个小时就能成为权威；投入21900个小时，就可以成为世界顶尖。

**老A的培养，一定是在一个细分的领域，持续培养的结果。领导要做的就是如何让他的长板拉得更长。**

# 8

# 向团队要业绩，带出精兵强将

C H A P T E R

企业的战略可能会变、产品可能会变、使命可能会变，
但只要有一个厉害的团队，团队有不变的信念和能力，
就不管遭受多少挫折都可以保持战斗力，
最终都会获得成功。

## 01 作风就是战斗力

有人问比尔·盖茨："你能否打造第二个微软？"

比尔·盖茨的回答是：

"能，只要从现有团队中拉出100个人！"

"你可以把我的产品拿走，可以把我的公司拿走，只要留下我的伙伴，我依然可以建起新的王国！"

的确，产品、战略、市场等固然重要，但更为重要的则是团队。只要你有一个很厉害的团队，做什么都能成功。

行业、产品只是载体、形式和工具，团队的战斗力才是管理的焦点。企业的战略可能会变、产品可能会变、使命可能会变，但只要周边一群人有不变的信念和能力，那么不管遭受多少挫折都可以保持战斗力，最终都会成功。

团队的战斗力是由团队的作风决定的。华为面对那么多国际巨头，为什么能披荆斩棘、所向披靡？就是因为他们的团队有自己的作风。

华为的整个团队，展现出来的就是一种狼性——良好的嗅觉、敏捷的反应以及群击战术。他们对市场反应敏捷，极擅长团队协作、集体奋斗。华为的销售人员占到员工总人数的33%，他们和其他部门员工紧密配合，以整体力量向外攻击、争夺市场，效率极高。——华为从签合同到实际供货，只需要4天的时间。这样的效率，让顾客叹服，让对手胆寒！

决定团队作风的因素中，领导作风很关键。如果模具有问题，批量复制的就会全是问题产品！同样的道理，如果队伍的领导作风有问题，送多少优秀的人到队伍里都无法打造优良的团队。所谓兵随将转，如果领导做事情雷厉风行、执行力强，那么员工做事就不会推托、找借口，整个团队就会作风硬朗。

带团队并不只是鼓舞士气。士气是战前动员出来的，可能是一次性的；作风是训练出来的，是一种稳定的行为习惯，是长期的、有意识的培养的结果。要想提升团队战斗力，就要把目光聚焦在团队作风建设上面。

如何建设团队作风呢？

1. 作风是带出来的，老人言行决定新人言行。

也就是要求员工和管理者的言行举止充满正能量：

——不管遇到多大困难，不说消极的话。

——不和消极的人沟通。

——不放大客观因素。

——每天对自己说：我行！没有不可能！

——你给别人传达消极的话，说明你很失败。

——别人给你传达消极的话是想让你失败。

——只为成功想办法，不为失败找理由。

——我就是正能量的榜样。

——充分运用语言的自我暗示具有惊人的变现能力的规律。

——服从、立刻行动。

**2. 培养雷厉风行的做事习惯。**

在一定条件下，时间对业绩的好坏起着决定作用。**我们要拿出赛跑一样的姿态去做执行。**什么时候达成什么目标，必须有明确的规定，如此，才能真正出成效。

金锣“能量王”推广上市之时，为了迅速占领市场，选择重点市场聚焦。老板要求目标市场中商超的进店率达到100%；自产品发到市场之日起，35天内解决进店问题；接下来30天，重点解决产品陈列问题，力图达到布阵要求；再接下来30天，解决堆头建设问题，同时组织品尝；最后30天，解决销售量的提升问题，加大推广力度，同时开展售后服务工作，保证货源的新鲜。

此场战役可谓是雷厉风行。不仅有时间上的规定，还对全体员工下了硬命令，只能成功，不能失败，不留任何退路。为了刺激公司人员的积极性，该公司将发货政策与业绩关联起来，要求公司人员自某日起，开始检核“能量王”的进店情况，对于未完成任务的进行相应的罚款。

如A、B类以上商超没有进入的，对经销商违约的每一家处罚300元，C类商超及县级、县城前5家商超，每一家违约处罚200元；巡检员连带辖区市场经销商处罚额度的50%，办事处经理连带整体办事处经销商处罚额度的10%。

在该公司强力推广下，全体人员，上到公司员工，下到经销商、促销员皆全力以赴，金锣“能量王”在最短的时间内占领了市场。

**3. 团结协作，化内耗为合力。**

将心不齐，必打败仗。很多企业不是败在产品和营销上，而是败在内耗上。可能刚创业的时候，大家都是一条心，可等有了利润或发展就开始闹分裂。就像我们熟知的健力宝，本是一家知名企业，却因为人的原因（在这里，我们并不去说谁是谁非），这个让中国人自豪的品牌丢掉了市场老大的地位。

在管理中，同一件事下不同的指令等于无指令；同一支队伍领导太多等于无领导。管理就像自行车链条，每个人做好自己，链条才能转起来，自己的角色做不好，又干预别人的工作，这样怎能有好的结果？

**4. 建立投入产出比的考核制度。**

对现有人员进行有效的配置，既达到人工成本最低化，又可以保证工作顺利进行。在这方面，公司领导者要学会引导，需要什么就引导什么。

比如说，需要增加新产品推广数量或者标准网点建设，那么员工之间就可以比赛谁建的销售网络大，谁建的销售网络好，谁的网络投入少产出高。如此，每个员工都会将公司的事当作自己的事，将公司的每一笔资金都利用到最大化。

**5. 建立谁成长快谁就受欢迎和尊重的文化。**

每月设定课题，每月开分享会，让优秀员工分享自己成功的经验，让所有人都能在学习中积累，在表演中上进；建立师道文化机制，谁进步快，谁讲得好，谁为师，以此来调动所有员工的积极性；根据员工的各种情况实行动态管理，不合格的下岗，合格的可备岗、待岗，以期进入下一轮的竞岗。

## 02 执行到位，事在人为

在给企业服务过程中，经常有老板倾诉类似的问题：

企业战略很清晰、目标很明确、团队单兵作战能力很强、制度流程也不缺、权力和责任很明确，可为什么战略总是得不到有效实施？为什么目标总是打折扣？为什么流程、制度贯彻不下去？为什么重复性的错误不断地出现？为什么团队内部互相埋怨，出了问题总是找老板去灭火？

最后老板成了工作量最大，也最累的一个人！

我告诉他们：能干而干不好，就是执行力的问题，老板要面对并解决这些问题。

什么叫执行力？执行力就是限定时间内，积极主动、保质保量完成自己的工作任务，拿到成果的能力。

**执行的聚焦方法有 3 个把控的关键点：**

——限定时间。也就是说执行力是有时间概念的；

——自觉自愿。也就是员工积极主动去做，如果是被动的、强迫的就不叫执行力；

——保质保量。任务不等于成果，做了不等于做到。只有完成任务，拿到成果才叫有执行力。执行力只讲功劳，不看苦劳。

**执行力还有3大要点：**

——意愿。员工自己愿意去执行；

——方法。面对目标，我有完成任务的方法；

——行动。立刻行动，行动改变一切。有能力而不行动，目标永远达不成。

**执行力＝100%的意愿 ×100%的方法 ×100%的行动。**

其中任何一项缩小，结果加倍缩小；任何一项为零，结果就为零。在日常管理中，我们经常会遇到一种情况，一项任务一个人明明能完成，结果却没有完成。领导问原因时，对方总会说“我尽力了”。执行力要的是全力以赴，不是尽力。

一天猎人带着猎狗去打猎。

猎人击中了一只兔子的后腿，受伤的兔子开始拼命地奔跑。

猎狗在猎人的指示下也是飞奔去追赶兔子。

可是追着追着，兔子跑不见了，猎狗只好悻悻地回到猎人身边，猎人开始骂猎狗了：“你真没用，连一只受伤的兔子都追不到！”

猎狗听了很不服气地回应道：“我尽力而为了呀！”

再说兔子带伤跑回洞里，它的兄弟们都围过来惊讶地问它：“那只猎狗很凶呀！你又带了伤，怎么跑得过它的？”

“它尽力而为，我是全力以赴呀！它没追上我，最多挨一顿骂，而我若不全力地跑我就没命了呀！”

这就是尽力和全力以赴的差距。人本来是有很多潜能的，但是我们往往会对自己或对别人找借口：“管它呢，我们已尽力而为了。”事实上尽力而为是远远不够的，尤其是现在这个竞争激烈、到处充满危机的年代。

一定要引导员工在做事的过程中常常问自己，我今天是尽力而为的猎狗，还是全力以赴的兔子？

如果老板经常抱怨自己的队伍执行力不行：

——公司制定的销售计划，一到下面就走样，没有一次能正常完成销售任务；

——上周我安排某员工去某家商场做产品宣传，员工倒是二话没说去做了，结果却宣传不到位，根本没达到预期效果；

——每个人都说自己很忙，可我却始终看不到成绩，芝麻大的事吩咐下去，3天也出不了结果，一气之下，我一个电话搞定；

——这样的队伍怎么能成事？奖也奖过，罚也罚过，还是老样子。

那么出现这些情况很可能有以下几点原因。

**1. 管理者自身执行力差，不能以身作则。**

管理过程中，关键的少数制约着次要的多数。员工执行力不行，首先是因为老板执行力不行。

管理者决定团队的方向、高度、速度，执行力首先体现在领导强烈的自律中。如果老板执行力很高，说到做到，说今天完成绝对不会拖到明天，说这一分钟不拖到下一分钟，你的员工便会从心里佩服你，自己也会去效仿你的行事作风。这就是上行下效，95%的部下追随5%的领导。给员工开会、指责批评员工都没用，你办事拖拉，说了不做，员工照样和你一样说了不做。

我们说，抓执行力，不是从下往上，而是从上往下，先抓头，抓关键人物，抓关键环节。领导是一切的根源！身教胜于言教，领导者表率对执行力的影响是决定性的！

**2. 没有构建执行力团队。**

优秀的执行人员就是完成任务的一把“万能钥匙”。如果执行人本身不具备执行力，加上选人不当、育人不力、用人无方，怎么能达成执行所需的结果？

对个人而言，没有执行力（或称行动力），一切梦想、设想、构想、理想，统统都只能是幻想和空想！没有执行力，将一事无成。对团队而言，有些员工本身执行力很差，不是通过制度、流程、榜样可以解决的。如果选用这样的员工去执行，毫无疑问是提升不了执行力的。这就是发现人才比培养更重要的原因。

**3. 缺执行文化。**

利益是执行的原动力，企业文化是执行的持续动力。

缺乏执行文化的具体表现：

——执行文化都是口号，口号喊的多，能落实执行的少；

——员工对贯彻领导的意图、完成自己承担的任务没有强烈的意愿；

——企业培训跟不上，忽视员工思想的改造以及心态、能力的提升；

——无结果导向要求，做好了没有奖励，做不好没有处罚；

——团队作风和工作习惯不好。碰到偏差无所谓、没有追求完美的习惯，职责范围内不会用心把事做好，对标准不能坚持，也不想坚持。

执行力是一种习惯。我们要用文化培养员工的习惯，如果公司缺乏执行文化或者有着不好的文化，必将养成不好的习惯。而且，没有执行文化，就缺乏执行氛围和习惯。

**4. 目标不合理，超出员工的能力范围。**

我曾服务过一家食品企业，老板不停抱怨员工执行力太差，目标总是达不成。我调研后发现，其实不是那么回事。这位老板每个月都坐在办公室里，很随意地分任务。这个月是旺季就分1000万，下个月是淡季他分2000万，再下个月分3000万。他的逻辑是：只有淡季的思想，没有淡季的市场。

这种观念没有错，可问题是，人员没有增加、费用没有增加，这样的前提下靠什么增量？时间久了，营销人员麻木了，反正怎么努力也完不成任务，那就混个基本工资吧！

企业定目标一定要合理，一定要符合 SMART 原则。

——目标必须是具体的（Specific）；

——目标必须是可以衡量的（Measurable）；

——目标必须是可以达到的（Attainable）；

——目标必须和其他目标具有相关性（Relevant）；

——目标必须具有明确的截止期限（Time-based）。

**5. 缺乏执行体系。**

执行体系就是一个明确的执行方案，执行体系落地，才能产生执行的效果。缺乏执行体系的表现就是在执行过程中对以下问题不明确：

——这一项任务谁对结果负责？

——领导人是谁？执行人是谁？

——谁跟踪执行过程？谁检核过程和结果？

——有没有标准化操作流程？分几个步骤？关键控制点是什么？

——有没有奖罚制度？没有拿到成果会有什么惩罚？

这个体系的核心问题是：

——员工不会做你希望他做的，只会做你检查的；

——你强调什么就得检查什么，你不检查就等于不重视；

——只检查还不行，还要考核，兑现奖罚。

## 03 3大系统打造团队执行力

再宏伟的战略、再清晰的目标、再完美的方案、再周密的计划，没有有效的执行都不可能得到想要的结果！

**企业想要发展，必须聚焦团队执行力；聚焦团队执行力，首要的是构建执行力的3大系统。**

**第一，提高老板的执行力。**

老板没有执行力就没有影响力，没有影响力就没有领导力，没有领导力就没有结果力。

**身为领袖，提高执行力必须做到3点：**

——任何目标、工作要设定时间的观念，在限定时间内完成；

——善于运用时间管理，将工作分个轻重缓急，千万不能一团乱麻；

——做好执行的表率，敬畏制度，不做制度的破坏者。

老板的执行力决定团队的执行力。领袖的执行力越强，团队的执行力才不会弱。

对个人而言执行力就是办事能力；对团队而言执行力就是战斗力；对企业而言执行力就是经营能力。

衡量执行力的标准，对个人而言是按时按质按量完成自己的工作任务；对企业而言就是在预定的时间内完成企业的战略目标。

### 第二，8 步构建执行力体系。

#### 1. 挑选执行人。

挑对人，做对事。同样一个命令，不同的人在接到命令后表现也不同。有一种人首先是戴着放大镜怀疑领导的决定，在执行过程中抱怨不断，牢骚没完，借口很多，执行力打折扣，以至于错过最佳的执行时机，导致不满意的结果。而另外一种人在接到调整指令后，坚决服从、没有抱怨、不发牢骚、没有借口、马上行动，结果自己满意，领导也满意。所以，我们说，执行人的选择非常重要。

现实生活中有很多自以为很聪明的员工，总是喜欢戴着放大镜怀疑领导决定的正确性，然后试图去说服领导改变决定。

2003 年时，斯美特食品严重亏损，主要原因就是产品毛利过低，销得多，亏得多。为了扭转亏损局面，就必须调整产品结构，推广高毛利产品。当强制推广新产品的决议下发后，就有个别经理不断地发信息、打电话，试图说服我不配发新产品。理由是：市场太淡，经销商不接受，推广难度大，推广时机不好。岂不知这个季节老产品无论怎么促销销量也是下滑，不推广新产品你的区域靠什么上量？而那些主动推广的区域在强制推广期后尝到了甜头，销量一年比一年高。强制推广确实令人不舒服，因为强制推广改变了他们一贯的作业习惯。

实践证明：改变习惯就是不舒服，不舒服的时候就是成长的时候。再者，领导站的高度和你不一样，领导看全局，你看局部，你根本就没有去执行，更不知道领导的决定有没有问题。

一个组织如果效率低下，那么很可能是不缺少规章制度，却缺少对制度不折不扣的执行；不缺少雄韬伟略的策略家，而是缺少精益求精的执行者；不缺少想做大事的人，而是缺少愿意把小事做细做透的人。团队执行力的强弱，人是至关重要的因素。

一般来说，执行力很强的人都具有以下特质：积极主动、信守承诺、成果导向、绝不言败、学习力强、团队精神。身为老板，要挑对人，做对事。一定要了解员工的各种特质，从而找出适合执行该命令的人，才能有助于整个团队执行力的提升。

**2. 明确成果。**

不讲如果，只讲结果。要达到什么目的，取得什么成果，最好明确清晰地标示出来，尽可能地细化，并且量化到某一个具体数字，成果数字化有利于目的的达成。

成果的要求要稍高，这是一种挑战，也是一种手腕。当你对成果的要求稍高时，执行者哪怕没有达到此标准，也会达到你所要求的最低标准。

**3. 明确期限。**

没有期限的执行，要么滞后执行，要么重复要求。期限决定了团队做事的效率和惯性。用数字将期限标示出来，就像一把剑时时挂在你的头上，督促你按时完成任务。

**4. 制定达成成果的措施。**

措施是对结果的保障。措施有力，执行有力；措施不力，执行不力。永远不要改变和下调既定的成果，而是要持续不断地增加措施。也许某件事情再坚持下去，可能达不到目标，那就换换思路，寻求其他措施帮助目标的达成，千万不能将目标降低。很多时候，员工不是没办法，而是没有用心想办法，用心想办法，一定有办法。如果员工诉诉苦，谈谈困难，领导就将所预计的目标降下来，那么，下次，员工依然不会达成目标。而且满足了一个人的条件，就会激发一群人提条件，同时打击没有提条件的优秀执行者。所以，领导千万不能做规则的破坏者。

**5. 明确跟踪检查的流程。**

构建执行体系要明确检查者、检查时间、检查方式以及检查人的责任。

检查者要求廉正无私、坚守责任、自律。检查时间要明确，可以做定期或不定期检查，对检查的结果要及时反馈，以提前改进。检核方式可以用电话、面谈、数据跟踪、微信等方式，只要能达到检查的目的和效果即可。

但是，有一点，无论是谁做检查者，都要明确检查者的直接责任和间接责任。检查者的用心程度，关乎执行的结果。因为，通常来说，员工不会做你希望的事情，只做你即将要检查的事情。所以，你强调什么就要去检查什么，你不检查就等于不重视，检查可以促进目标的达成。

**6. 补充措施。**

提高要求。人是被要求出来的。如果他能 3 天完成任务，你可以要求两天完成任务；如果他一个月销售业绩是 1 万件，那你就要求他完成 1.5 万件的销售；如果他能做好，你就要求他做得更好。人的成长都是被逼出来的，每个人都有挑战极限的可能。

提高标准。标准决定水准。如果你的团队能够顺利完成标准 1，那他就有可能完成标准 2。由 1 到 2，标准的提升，也意味着高成果的完成。

聚焦措施。如果措施不力，可聚焦分析，及早调整，完善方案。

**7. 兑现奖惩。**

奖惩是执行中最锋利的双刃剑。奖要舍得，罚要狠心。用奖诱惑推进，用罚迫使推进，双面促动，才能保证最大的执行驱动。

奖要舍得，要让得奖的人心花怒放，成为别人羡慕的对象；罚要狠心，要让受罚的人心惊胆战，惩罚一步到位，罚得够狠，才能避免得更加彻底。罚款要狠一点，职务越高，资格越老，年限越久，惩罚越重；奖励要大一点，资历越浅，奖励越多。

有功要自下往上开始奖励，有过要自上往下开始惩罚；奖励不仅要有物质的，更要有精神的。只奖物质不奖精神会让人变得唯利是图，光奖精神不奖物质，会让人缺乏狼性。

奖励和惩罚要放大，让相关人都知道；无论奖惩都要在约定的第一时间坚决兑现；奖励要阶梯式地上升，让人动力源源不断。

**8. 达成共识与承诺。**

如何说，员工才会听？如何下命令，员工才会行动？

这是每一个老板都要思考的问题。如果双方达不成共识，就谈不到执行力的问题。

**达成共识是避免执行力障碍最重要的力量；形成承诺是杜绝借口最重要的武器；共识和承诺一定要书面化，最好还能公众化。**

共识，就需要双方面的约定认可，不是老板一个人说要取得什么成果，如果执行者不认可，完成力度就会下降。成果的取得依靠的是执行人的力量，而非老板一人之力。

**第三，打造执行文化，养成好的执行习惯。**

所谓执行文化，就是执行习惯——在执行体系基础上把企业战略目标变成现实结果的习惯，是企业文化的核心。

它具有以结果为导向，以自觉自愿为前提，以责任为载体，以检查为手段，以奖惩为动力的5个特点。

**为此，员工需要遵从以下原则：**

——服从。不怀疑领导的决定。领导指令下达后，不要问为什么，只考虑如何完成任务，拿到成果。服从是训练出来的，设置服从高压线，不服从指令的，“杀无赦”，没有第二次，没有特例，没有特权。

——没有任何借口。在执行过程中，总会出现有员工向领导诉苦，说自己有多么特殊，要求额外支持。如果你满足一个人的要求，就会激发一群人提要求，同时打击没有要求的优秀执行者。

——**没有不可能**。只要领导下了指令，只需要考虑如何成功。成功 = 目标 - 干扰。不要因为干扰就失去目标。在执行的过程中肯定有困难，有挫折，有不同的声音，一定要坚持。决不放弃是成功的底线，决不放弃的人才能成功。只为成功想办法，不为失败找借口。

——**马上行动**。成果是做出来的，不是等出来的。行动可以改变一切，证明一切。一千次梦想不抵一次行动，要想快速执行就要在接到任务后马上行动，赢在起跑线。

## 04 员工有钱赚，才能玩命干

无利不起早。所有员工跟着你打工，首先考虑的不是名，而是利。一个组织长不大、不稳定，很可能是利益系统没有建设好，利益分配出了问题。一个组织成熟与否，关键在于组织成员是被动地为组织奋斗还是主动地为自己奋斗。这一问题上，真正吸引员工的是收入，而不是目标。士气来源于打胜仗和获得战利品。

**解决一切发展问题，都要从利益分配开始；队伍的战斗力，不是机制的推动，而是利益的拉动。**

在一次公开课上，有人问我："为什么孙悟空大闹天宫，10万天兵天将对他没办法。而西天取经路上，却常打不过一些小妖怪？最奇怪的是这些小妖怪大部分还是天庭大员手下的虾兵蟹将。最终悟空还要有劳观音、太上老君搭救？"

我答道："因为孙悟空大闹天宫时碰到的天兵天将都是给玉帝打工的，

出力但不玩命，取经路上碰到的都是自己出来创业的妖怪，给自己奋斗，比较拼命！”

所有人只有干自己的事时才是最用心、最用力、最卖命的。老板需要建立长效利益分配系统——让薪酬成为正能量，激发员工内心的力量，让他们全力以赴、自动自发、心甘情愿地贡献力量。

**员工有钱赚，才能玩命干！**要想员工由为老板卖命变成把工作当自己的事业干，**可以使用如下的利益激励方法：**

**1. 基本收益。**

员工是在意基本收益还是奖金？毫无疑问，从根本需求来说，是基本收益。员工的地位、自信、面子、荣誉，很多时候靠基本收益来支撑。营销人员之外，企业其他岗位员工更在意基本收益的高低。提高员工的基本收益，是老板对员工过去能力的认可，是留人和挖人的要点。

一般企业的基本收益 = 底薪 + 岗位工资 + 工龄补贴 + 学历补贴 + 其他固定补贴。在设置底薪方面，不管是纵向的职务，还是横向的级别，要尽可能地设置出更多的级别，拉长上升的通道。比如职务八级、级别八级等。

如果底薪一样，可以用岗位工资、学历补贴、工龄补贴或者其他补贴制造差距。例如底薪 3000 元，业务代表加岗位工资 500 元，经理加岗位工资 2000 元。

员工的基本收益的设置是有原则的。一般非营销系统基本收益占总收益的 60~70%，绩效考核收益在 30% 比较合理；营销系统基本收益占总收益在 30~50% 比较合理。营销系统基本收益占比过高，会养出一批懒汉或没有斗志的员工，其次会造成员工价值失衡——收入与创造价值没有对等关系，增加企业运营成本。

**2. 绩效（奖金）。**

谈奖金，严格意义上在讲考核。没有绩效考核的都谈不上管理。当然，考核的目的不是为了罚款，而是为了激发人的潜能。

曾有一个企业，规定第一个月发货低于1000箱，每箱罚款2元，结果那一个月70%的员工都没有完成任务。于是，老板就将罚款取消了，对那些完成了发货目标的业务员也没有奖励。这种做法就是为了照顾70%做得不好的人，把30%做得好的人积极性打击了。这就是得不偿失，员工的战斗力会自然而然地下降。

我们中国人最怕的是不公平，考核就是解决不公平的问题。世上没有绝对的公平，但是有起点公平，也可以做到终点公平。游戏规则是一样的。

企业要想用奖励达到激发员工战斗力的效果，必须给员工灌输以下观念：底薪是老板给的，奖金是自己挣的；老板只为功劳发奖金，不为苦劳发奖金。

同时，企业还需要让员工明白，核算的是KPI（关键业绩指数），考核的一定是KPI之外的东西。如能力、执行力、忠诚、态度、结果导向等。

根据企业发展阶段不同，设置不同的奖励。需要什么、鼓励什么，就发什么奖、设置什么奖金项目。

**经营企业常见的奖励类别有：**

**目标达成奖。**以结果为导向的考核。我们还以快消品企业营销为例，目标达成奖金考核一般有两种方法：提成和考核。

提成适用于创业期企业，或者企业某一阶段为了推广新产品。分为：

——单一提成制。针对总销量按标准点数提成。例如，张三本月完成销售额10万元，提成标准是1%。那他所得的奖金就是1000元。其优点是核算简单，其缺陷是会造成员工什么产品好销销什么，什么产品便宜销什么。

——分品项提成制。毛利不一样提成不一样。常规产品提成较低，高毛利产品提成较高。目的是希望通过提成让营销人员多销售高毛利产品。假设某企业规定，毛利低的产品，员工可提成1%，毛利高的产品，员工可提成2%，员工为了自身利益，肯定会努力去销售毛利高的产品。如果某种产品想在短期内上量，不妨采用增加提成的方式刺激员工的战斗力。

达成率奖。前提是，设置不同级别的奖金系数，奖金系数为定值。例如：业务奖金系数定值为 2000 元。或者同一级别不同的奖金系数，业务奖金级别为变值，如下表。

| 级别 | 一级 | 二级 | 三级 | 四级 | 五级 | 六级 | 七级 | 八级 |
|---|---|---|---|---|---|---|---|---|
| 金额 | 1500 | 1700 | 2000 | 2200 | 2400 | 2600 | 2800 | 3000 |

其次，做好考核。

——只考核总销量达成。按实际达成率核算奖金。一定要设置达成底线，例如达成低于 70% 奖金为零。达成率高于 70% 按实际达成率核算奖金。

——考核总销量达成和高优产品达成。例如，总销量达成：高毛利产品占比 =5 ：5，若某业务员奖金是 2000 元；总销量达成奖金：高优产品占比奖金 =1000 元：1000 元。

这种考核适用于销量稳定的市场和企业。根据企业侧重点不同，阶段不同，占比会做不同的调整，也可能是 4 ：6，或者 3 ：7 等。考核的关键点是一定要设置达成率底线。例如当月完不成 70%，只有底薪，奖金是零，意味着 69.9%=0，员工就有压力了。所以月初一分目标所有业务员首先要考虑达成 70%，否则这个月就白忙了。

在这个考核基础上，可以再视情况设定更多的奖项。比如：增量奖，今年和去年同月对比，或者这个月和上个月对比，只要增量达到设定标准就给予奖励；指标奖，标准网点、品相产品、成本控制、网点开发等任务指标达成给予奖励（对成本提高进行罚款不如对降低成本进行奖励的效果好）；破纪录奖，这个所有部门都可以设置，一个人达成，后面的人再突破就变得容易了；创新奖，旨在鼓励员工创新，不管什么岗位只要创新提升工作效率，降低成本，提升销量，创造效益的都可以奖励；老板谈话、宴请奖，只请优秀员工谈话、吃饭，这种奖励要让员工明白，老板只喜欢一种人，就是业绩好的人；优秀家属奖，每一个优秀员工的身后都有一个理解支持他的家属，企业象征性给父母、妻子、老公发奖金，有时关心员工的家人比关心员工本身效果还要好！

**3. 虚拟分红（非股东分红）。**

每一个老板都希望企业销量一年比一年增加，但现实是企业发展到一定时期销量很难增加。不管多难，老板还是非常想增加，员工就是不想增加。因为想让销量增加必须付出超常的劳动。员工对于正常收入只付出正常劳动，要想让他付出超常的工作，同时，必须让他得到超常的回报。

设定一个生产或销售的基数，然后把超出部分，按照一定比例分给当事人。分给员工部分，最好占超出部分纯利润的50%以上。

我们这里所说的分红与股东没有关系，而是一种虚拟分红。比如说，我去年的销售额是5000万，今年的销售额是6000万，多增长了1000万，利润是10%，多赚了100万，老板将100万拿出50%分给员工。

虚拟分红分的是增长的部分、多赚的部分，不是分老板的固有资产和利润。赚钱了才有，不赚钱就没有。

有人说，我不分红，发奖金行不行？发奖金当然可以了，但是，员工拿奖金1000元和拿分红1000元哪个效果好？肯定是分红，因为他有股东的感觉。

华为的全员持股严格意义上有两种：一种是真正意义上的法人股；另一种是虚拟分红。每一个员工都有虚拟股，也就是说，人在公司的时候有权利分；人不在公司了就没有权利分。但如果是股东的话，走不走这个股份都是你的，谁也剥夺不了，这是二者的区别。

我有一位朋友的儿子，在华为上班，我就问他："华为有网上写得那么好吗？"他说："当然好，华为有虚拟分红，而且是根据贡献大小来的，所以每个华为人都会主动加班，哪怕是周六也是如此。"虚拟分红为什么会有如此效果？就是因为它让员工感觉有奔头，让员工感觉是为自己做事。

虚拟分红首先涉及一个增长率的问题，如增长部分的20%，按每个人的工资系数比例分给所有员工，不断地让他们去增长。增长的越多，分的越多，利益的拉动让员工倾尽全力保证不断的业绩增长。

虚拟分红必须“人人有份”。一个伟大的企业，就是把平凡的人变得伟大；一个平凡的企业，就是把伟大的人变得平凡。不过，这里的“人人有份”，是指那些替你完成任务的人。如我的目标是 20%，这个人帮我完成了 1%，另一个人完成了 40%，1% 的也有权利来分，那么业绩下滑的人是肯定没有权利来分的。如果做得不好的员工也参与虚拟分红，时间久了就会养出一群懒汉。

虚拟分红就是把公司利润卖给员工，即员工买了个分红权。目的是激发员工业绩增长的动力。奖金是为了让他达成目标，虚拟分红是为了鼓动员工的业绩增长，只要业绩增长了，除了奖金、正常基本收入以外，还可得到额外的收益。

虚拟分红要即时兑现，周期越短越好。最好是一个季度或者一个月，而不能太长，时间太长就失去了激励的意义和效果。

我们每个老板都希望自己的队伍有士气，士气是可以调动和培养的，将分红和员工的业绩目标挂钩，告诉员工达成什么样的目标可分红，中间的操作要公开承诺，年初说，年底兑现，员工为了分红，只能努力达成目标。

**4. 期权激励。**

期权也称之为按揭式分配机制，是为了预防优秀员工离职而设置的激励方式。通俗地讲就是用未来的筹码换取今天的回报。

期权的核心是设置有诱惑力的奖励。所谓诱惑力首先是设置的奖项是员工特别想得到的。其次是力度很大。奖项能够诱惑员工全力以赴去奋斗和拼搏。

比如说，有的老板与员工约定，你在我这里干满 30 年，房子归你；或者你干满 5 年，车子归你……这些都是保留员工忠诚、吸引员工拼命的方法。

老板不要期望某个员工会跟着自己干一辈子，但最起码这帮员工在你的企业发展，服从企业往前跑的时候，老板如果能让他们感觉有奔头，员工就会自己监督自己，拼命往前赶。

期权的特殊性决定了期权不是针对所有员工的，期权越有诱惑力，特定对象级别越高。一般来说，期权是针对管理层的，特别是核心高管。也有在特定时期，设定的针对大部分员工的期权。

设置期权奖励的目的是：第一，给员工一个忠诚的理由。第二，让员工全力以赴。第三，可以吸引更多优秀的员工。

**5. 联盟或者分股份。**

中国很多优秀的企业曾经快速发展，后来却停滞不前，或者越做越小，因为它们都犯了一个共同的错误：只想着一个人赚钱、一家人赚钱。

同样，原来一些很不起眼的企业因为老板的英明，对企业产权改制，由国有、集体、民营等改为股份制，让骨干成为股东，由给别人打工变为给自己打工，由一个人的企业变为一群人的企业，由一个人赚钱变为一群人赚钱。

有一个很有趣的现象，似乎企业规模大的公司，创始老板在企业拥有的股份却很少，例如柳传志在联想集团占股只有3.7%，任正非在华为集团占股1.8%，马云占阿里巴巴8.9%的股份。

**企业要发展，老板首先要考虑的是如何分钱，会分钱的老板能把企业经营大，能挣更多的钱。**（阿里巴巴一上市，马云就成了中国首富。）

不要认为所有员工都是给你打工的。彻底改变员工积极性，增强员工战斗力最有效的方法就是由“我的”变成“大家的”，核心是股份的变化。让员工成为股东，从“我操心”变为“大家操心”，风险公担、利益共享。这是让老板搭建一个平台，领着大家一起赚钱。

某种意义上讲，一个老板的成功与否，取决于你能和多少人有关系，以及这个关系带来的利益联盟的程度。在这里，联盟的目的只有一个，就是结成利益共同体，由弱小变强大。主要是指原始股以外联盟，如厂家和供应商、厂家和经销商、经销商和分销商等，淘宝就是联盟的经典案例。

分股份主要是对内的，目的是让更多的员工变成主人，由老板一个人操心变为大家都操心。

能独当一面的员工，都希望有一个稳定，而且有前景的未来。如果企业发展过程中员工没有得到应该得到的利益，肯定辞职。那么你培养的就是一个竞争对手。最好的方法就是把他变成股东。例如，娃哈哈有 15000 多个员工股东，华为有 30000 个员工股东。

**要想改变命运，很简单，和命好的人合作，所以股东人选非常重要。**

人选错，一切都错。生意好做，伙计难处。我和谁捆在一起，就和谁差不多！一般来说，可以选择忠诚、敬业、自动自发、有责任心、有成功企图心、有结果导向、有合作意识、有学习力、有感恩心、有互补性的员工做股东。

建立利益分配系统，其核心目的就是使全公司上下形成一股合力，将企业做大做强。利益分配系统是为了让企业更成功，让老板更成功，让老板领导更多人成功。

很多企业一提到薪酬就想到罚款。其实企业制定薪酬体系的目的，是为了激发员工内心的力量，让员工全力以赴。

薪酬的本质是激励，是为了让员工自动自发，提升团队竞争力。

## 04 不仅要给钱，更要给希望

为什么那么多人前仆后继去买福利彩票、体育彩票？

因为，第一，可以以小搏大，花2元钱可能中500万；第二，兑奖方式简单，拿着中奖彩票、身份证就可以兑奖；第三，及时兑现，不存在中奖不兑现现象。

类似的激励在管理中也可以借用，制造机会，让员工一夜暴富，会让其他人看到希望。例如安利团队管理的激励机制，就是这样，让其他人相信自己会有希望。

其实，很多人愿意要的是希望，希望比钱更重要。只要内心有希望，多苦都不怕。可现实中有些企业老板，喜欢搞大锅饭，认为手掌手背都是肉，总不能这个员工一个月收入1万元，那个员工一个月收入1000元，认为这样做会引起不公平。

我曾经服务的一家企业，员工干好干坏都一样，所以，每天员工上班就是磨洋工，老板盯紧了，就干一下；老板一不在，全都歇菜。老板人不错，是很讲义气的一个人，认为大家都是兄弟，跟着自己干都得有饭吃有汤喝。其实，他没有想过，他的这种做法实质上是不公平——对能干者的不公平。能者多劳，能干的、贡献大的，就应该收入多一点、得到的多一点。

在企业中，老板对员工不分贡献度，一碗水端平，只会打击其他人的积极性。要想得到更好的发展，老板要更多地将目光聚焦在那些给企业带来更多收益的人身上，给予他们重奖。一是这是他们该得的，重奖会让他们安心，会更加努力；二是老板要将他们树立为榜样，而后告诉其他员工：你做不好，是因为你不够努力。

我们说产品的差价非常有吸引力，对员工来说，高收入与低收入之间的对比也是如此。

**让一部分员工暴富，给其他员工建立一种心理预期，一种未来会挣更多的钱，会生活得更幸福的希望。**

这时，高明的管理者，不仅能给下属钱，更要能给下属希望，在日常团队管理中善用目标挑战法。

**所谓“目标挑战法”，可分两个步骤来执行。**

**第一步，合理地帮下属确立目标。**

作为企业经营者，或者团队管理者，日常工作中至少要有 3 个明确的目标。

◇保底目标，保证公司正常经营的平衡点；

◇基本目标，团队或团队负责人来定，要高于保底目标；

◇超越目标，老板定，通过重奖让一部分人先富起来。

这时，制定目标还要符合 3 个原则：

◇具有前瞻性，经营企业以谁为对手非常重要，对手是谁决定未来你将会成为谁，制定目标要着眼于未来，眼光要长远；

◇具有挑战性，蹦一蹦、用劲跳一跳、全力以赴才能够着的目标才叫有挑战性；

◇具有可行性，要结合企业资源配置情况设定目标，太高的目标等于没目标。合理的目标员工通过努力实现后会产生自豪感。

通常，目标制定很容易，但关键问题是如何去实现。

很多企业有明确的目标，可总是难以达成，主要是因为执行过程中犯了“目标漂移”的错误。

所谓“目标漂移”，就是在完成任务的过程中，遇到阻力、困难后就调整目标（多数时候是降低目标）。例如，有些老板在月初定下业绩目标200万元，然后执行的过程发现完成的情况不好，为了减轻压力就妥协了，重新定下100万元的目标。如果我们发现当月目标完不成时，要做的不是调目标，而是要调方法。

我曾服务过的一些企业就存在类似的问题（尤其是销售部门），通常我会阻止他们调整目标，通过调研论证给他们找解决办法。例如，增加提成比例，将销售新产品的提成由原来提1元变成提3元，以提高销售人员的积极性。员工收益、信心增加，铺货的能见度也高了。如果当时选择目标下调，不仅员工的利益不会增加，信心还会受到打击。推广新产品最重要的就是信心，信心一失，整个销售队伍也就溃散了。其次是扩大促销力度，把促销品产生的利润投入到产品的促销上去。结果怎么样？多数时候不仅仅能达成目标，大部分还能超额完成。

向团队要业绩，方法一定会比问题多。很多人不是想不到办法，是因为立场和意志不够坚定，立场坚定首先要目标坚定。做老板、做团队老大，一定要意志坚定，在遇到问题的时候不要首先想着调整目标。

**第二步，让完成任务的员工“上天堂”，让完不成任务的员工“下地狱”。**

设定最基本的保底推广目标，这个目标是无条件完成的，完不成高额处罚，甚至和基本收益、职位挂钩。

最好每月初签订岗位责任单，让员工公开承诺，完不成如何处罚。老板给总监签，总监给经理签，经理给业务签。签订后的责任单全月公示，跟踪监督过程，而不是月末才“算总账”。人都是有惰性的，每天都提醒的效果要比月底再批评总结的效果好。让员工公开承诺、斩断退路，给他制造痛苦并形成一种观念：使我痛苦者必使我强大。

执行过程中，最首要的是让完成甚至超越目标的“上天堂”——获得高额奖励。管理和团队激励，目的不是为了罚钱，而是正向引导，激发大家的创造力！

其一，给予标准奖励。标准奖励就是超额完成多少就奖励多少固定的奖金。例如完成超额目标的奖励5000元奖金，或者完成超额目标的提成1%。

其二，给予坎级奖励。即随着超额量的增加奖励相应增加。

以快消品为例，比如以2000件为标准，业务员销售2000~3000件时，每件奖励1元；销售3000~4000件，每件奖励2元；销售4000~5000件时，每件奖励3元。

坎级激励并不是无限制增加激励，在执行过程中要“限高”，就是限制最高的奖励标准。我们提倡多劳多得，但不是无限制的。员工的收益一定要和员工对钱的掌控能力成正比。当员工的短期收益超出员工对钱的掌控能力时，你不是在帮员工，而是在毁员工。据说，福利彩票发行以来，中大奖的超过70%家破人亡。为什么？因为工薪族、农民瞬间中几百万大奖，不知道怎么花，赌博，吸毒，最终妻离子散，家破人亡。当一个员工月收入2000元时，你奖励他4000元没有问题，奖励过万时，员工会以为自己真有了月挣一万的能力。拔苗助长，最终毁了“苗子”。

其三，在可以拿提成奖金的营销部门之外，也可以设置其他奖励标准。比如，成本降低目标、服务改进目标、工艺流程改进目标、创新目标等。因降低成本或者增加效率，可以从由此带来的利润空间中，拿出来

10%~50% 的比例奖励给当事人。

重奖之下必有勇夫。高额奖励的刺激会促使员工更加拼命地工作。而且，这种方式如果运用得当，必定会使员工之间形成你争我夺的良性竞争态势，从而快速推动企业发展。

## 05
## 目标对赌，激发员工的“血性”

为什么全世界那么多人愿意去拉斯维加斯、澳门赌博？因为很小的投入可能换来巨大的收益。乞丐进去，富翁出来。每个人都希望自己是幸运儿，输的是别人，赢的是自己。

为激发团队士气及战斗力，除了目标挑战可以带来激励作用外，还可以尝试建立目标对赌的模式。

**这个目标对赌制中，首先，确定谁和谁赌。**

很多老板一听这个问题马上回答员工和员工赌。两个穷光蛋“对赌”，即便一个赢了、一个输了，两人还是穷光蛋。这种对赌没有任何吸引力。对赌的刺激性在于富有的人和贫穷的人对赌。

因此，对赌的核心是老板和员工赌，员工顺带和员工赌。老板参与对赌不是为了赢员工，而是为了让员工赢。老板赌赢了就是输了。老板赌输了，却是老板和员工双赢了。

其次，解决如何赌的问题。我们曾经做过测试，发现这样4个要点是重要的。

1. 员工月拿出月收入的1/3到1/2参与对赌。

员工至少拿出收益的1/3参与对赌，才能有效引起员工的对赌重视。如果输了，能让员工感觉到痛，能触及员工的灵魂。如果员工每月收入是1万元，只让他拿出来500元参与对赌，员工肯定持无所谓的态度，那对赌就失去了意义。如果对赌金额超过上月收益的1/2，员工一旦输掉赌局，可能基本的日常开销就会出现问题。所以建议对赌金额不要超过上月收益的1/2。

2. 老板拿出员工月薪双倍的钱参与对赌。

员工的第一需求就是挣钱。这里的双倍有两种含义：第一，个体的双倍，比如说，营销经理拿出5000元参与对赌，老板就要拿出1万元，必须是真金白银，这是一种极强的刺激；第二，群体的双倍，比如老板和营销经理对赌，每个营销经理都拿出5000元参与对赌，4个部长就是2万元，那老板就要拿出4万元参与对赌。

3. 月初就将现金拿出来，放入对赌基金池。

这里面有两个要点，一是现金，二是要放入对赌基金池。

每个参与对赌的人都必须把现金拿出来放入对赌基金池。现金拿出来放入对赌基金池后，这钱就不一定是你的。本来是你的钱，换个地方放后就不一定是你的了，你会不会惦记？

4. 设定游戏规则和兑现程序。

（1）设定一个基本目标、一个指标。

指标是服务过程的，目标是服务结果的。可以对赌新产品推广、销量达成、网店开发、单线产值提升、质量事故减少等。

（2）进行节点控制。

即每天要控制对赌的进度。每天公布对赌进度效果是最好的。不要等结果，到最后那一天公布数据意义就小了。试想一下，一个月的PK到最后那一天重视和过程里的每一天都重视，哪一个效果好？肯定是后一个好。

在对赌的过程中，每天公布对赌结果，员工会每天都很紧张，每天弦都绷到一块儿，今天你超过了我，明天我一定要超过你，你追我赶，因为每个人都想证明自己，没有谁会服气谁。

**（3）设定对赌时间，到期一定要兑现。**

兑现同样的奖金，按期兑现和滞后兑现结果是不一样的。滞后兑现员工会认为企业的信誉有问题，对企业的信任度会下降。以后员工参与对赌的热情会下降。

**（4）对赌兑现最好发现金。**

发现金比打卡好。这种对赌一定要老板去发奖，要给员工留下见证。员工只相信他看到的，不相信他听到的。

**其三，解决对赌的“度”的问题，厘清并把控各种适用条件。**

**1. 明确目标对赌适用条件。**

目标对赌时间节点最少要以月为单位。一天赌一次是没有意义的。第一个月度小赌是以千为单位，第二个年度大赌以万为单位。

赌注要能调动大家的积极性。每次对赌必须有人尝到甜头，如果每次对赌赢的人感觉无所谓，输的人也感觉没什么，都没印象，这就没有意义了。对赌的目的是付出1.5倍的努力，得到2倍的收益。尽力而为和全力以赴是不一样的，对赌就是我们要让员工全力以赴。

**2. 明确产品对赌适用条件。**

适用于产品推广，不是所有的产品都能参与对赌。

产品符合以下几个特征才能参与对赌。

——产品必须是高毛利的。毛利太低，对赌就没有意义。

——产品空间比较大。销量空间小，对赌也是没有意义的。

——产品有卖点。消费者买的不是你的产品，而是你产品的卖点。所有卖得好的产品都是有卖点的。

——产品的品质稳定。品质稳定的产品意味着更受市场的欢迎，员工干起来会更有劲头；品质不稳定，市场推不动，员工干起来肯定没劲。这里，我们教给经销商一个选择高品质产品的窍门：做经销商的基本都是在家门口做，做的都是熟人的生意。如果你代理一个品牌质量出问题了，厂家可以不管但是你必须管。所以品质稳定是我们经销商生存的根本。如果是新的品牌来找你做，一定要去厂里看一看，看他们门岗的责任心、办公楼里的卫生、车间和设备情况，以判断该企业的规范程度和生产质量。

**3. 明确对赌模式自身的适用原则。**

不能常用。常用效果递减。适用于新产品推广、阶段冲刺等，经常用力度跟不上，赌的金额上不去，天天赌，刺激反应太多，久了就没有效果了。

参与对赌的是所有人。包括员工和老板。比如你有不同的事业部，白酒、饮料、食品等，事业部之间可以对赌；同样是做酒，流通、餐饮、团队可以对赌。

职务越高，赌金要占比越高。员工拿出2000元，领导也2000元就不公平。假如基层员工拿出总工资的1/3，那么高管必须高于1/3。职务越低，赌金占工资比重要递减，最低不低于上月度收益的1/3。

**对赌的终极目的是在团队内部实现那种马太效应，激发员工们的“血性”。**——就是让赢的人赢得更多，通过团队中突出者的刺激让整体员工都你追我赶起来。身为领导，就要善于利用这种对赌模式，调动员工的积极性。当全体员工都开始在业绩上较劲，企业也就赢了。

## 06
## 内部 PK，让多匹黑马脱颖而出

在一次会议上，我曾遇到一位老板，他说：“我发现我们公司的员工好像总不在状态，且死气沉沉的，没有什么激情。你说开会吧，领导说什么就是什么，没有一个人发表意见。员工倒是很好管理，但是却出不了成绩。有人告诉我，你需要建立激励机制，就好比往一群沙丁鱼中扔一条鲶鱼，沙丁鱼立刻会活动起来。我立刻引进了一位优秀的人才，结果平衡是打破了，公司却起了内斗。”

**经营企业的本质是经营人。**

为什么同样的人在你的公司死气沉沉，而到其他公司却充满了激情和活力？为什么同样的人在你的公司过一天算一天，而到其他公司则像是上了发条的时钟奋力向前走？因为你的公司缺少良性竞争机制。

前面那位老板提到的状况，是我们现今许多经营管理者都曾经遭遇过的或者正面临着的。要改变这种状态，就需要在内部建立一种良性的竞争机制。人只有在竞争状态中，战斗力才会越来越强；如果永远处于气馁中，战斗力就会消失。

**内部PK是最简单、最有效的良性竞争机制。**

PK本身就是管理。通过PK会产生冠军。PK文化就是所有员工的能力可以用结果来证明。PK文化使小肉鸡可以变凤凰。PK文化是敢于比赛，敢于挑战。PK文化是强者更强，弱者变强的过程。PK文化是让员工参与竞争，关注荣誉。PK就是让员工时时处处处于竞争状态中，在竞争中发展，在竞争中成长。

身为管理者要明白，竞争机制的建立必须是以明确的目标和团结合作为前提的。否则，不仅离心，也会离德。

**建立一个良好的内部竞争机制，管理者需要把握8个要点。**

**1. 让参与PK的员工，时时处处处于竞争状态。**

在竞争的环境中，人们最容易感受到压力，作为管理者就要善于将压力转化为员工工作的动力。在管理过程中，我们要经常性地在部门与部门，员工与员工之间展开PK。谁英雄谁好汉，业绩进度比比看。时间长了，员工就会自然而然地养成一种竞争的习惯。

**2.PK一定要有输赢，结果要在第一时间公开并兑现奖惩。**

在现实管理中，我们需要注意一个问题，就是老板会自觉不自觉地把员工分为自己人和外人。每一次PK老板总希望自己人获胜。假如自己人输了，就不兑现奖励或者不处罚自己人。这种PK只会造成负面影响。PK要的就是公平对决，不要事先内定冠军。其次要在约定的时间公布PK结果。

我曾给一家食品企业营销团队设置过一次新产品推广PK。到期后，我问管理者：“为什么这个月月底没有按规定公布PK结果呢？”结果这位管理者说：“有一位优秀的员工在这次PK过程中业绩很不好，我怕公布结果会打击他的积极性，就想别公布了。”

这位管理者的做法首先违背了契约原则，既然约定了就一定要兑现。

其次违背了 PK 的公平原则。没有契约精神，没有公平，不只是影响到领导的权威性，还打击赢了的员工的工作积极性。

身为管理者，不能因为人情等各方面原因，出于照顾个别员工的感受，而把整个队伍的积极性打消了。定好的制度一定要遵循，该公布的结果要公布，该兑现的奖罚或者荣誉要兑现。这样做，员工的积极性才能真正调动起来，否则，所有的 PK 只能流于一种形式，所有的制度只能成为一纸空文。

### 3.PK 的过程就是“相马”的过程。

有些经营管理者对员工能力的评估，没有客观的指标，从而导致在人才的评估上失之于公允。PK 的过程其实也是一个“相马”的过程。所谓“相马”，简单地说，就是几匹马同时跑，哪匹马跑得快，就说明哪匹马好。在 PK 的过程中，我们会发现，谁的业绩做得好，谁的管理能力强，员工的各种素质都会得以呈现。所以说，PK 的过程就是发现优秀员工和管理骨干的过程。

### 4. 每一次 PK 的结果要汇总、备案，留作年终考评的主要项目之一。

PK 的过程就是相马的过程。为了选出真正的千里马，非常有必要把每次 PK 的结果汇总备案。试想一下，假如你设定了一年 12 个月，PK 次数，4 次或者 6 次，在这 4~6 次的 PK 过程中，总是某一个员工业绩最好、心态最积极，那么，这个员工可不可以作为储备干部，成为公司的储备人才？

### 5. 长线 PK（年度）奖罚要触及灵魂。

作为经营管理者，与员工谈心，一定要说到点子上。批评惩罚，要触及员工的灵魂。

什么叫触及灵魂？就是让员工感觉到痛。为什么要让员工感觉到痛？这是因为，一到年底，要么是发奖金，要么就批评人，而如何批评惩罚对一个人下一年的工作影响非常大。

惩罚不能无关痛痒，但是也不能伤及一个人的自尊。作为管理者，要就事谈事，帮助员工分析他为什么做得不好，别人为什么做得好？讲清楚这些后，你再告诉他，他完全可以做好，但是自己一定要反思。

我就曾有过这样的经历。当时，老板把我叫去说：“凭你的能力你不应该出这样的业绩。”他把表拿了出来：“你看，这个谁业绩怎么样，那个谁业绩如何，你的能力应该能出更好的成绩，你好好反思一下。”之后，他没有再说什么，只是在走的时候，让老板娘给我拿了一床新被子——老板娘亲手缝的全棉花的新被子。那时候，我还没买房，经济条件并不算太好，虽然仅是一床被子，但是让我很感动，直到现在，那床被子还放在家里，一看到它，就让我想起这段经历。

我们老板的做法非常高明，他先是打了我一巴掌，而后又给了我一个糖豆。结果，那一年春节我都没过好，天天想怎么把业绩做好。第二年，我非常拼命，很荣幸地业绩拿到了第一。这个第一的取得，与老板的那一场谈话和我过年那一段时间的反思有很大的关系。

**6. 年度 PK 一定要设置末位淘汰名额。**

年度业绩 PK 一定要设置末位淘汰名额，关于这一点，在年初的时候就要公布出来，并让员工们知道。

养着不给企业创造业绩的员工就是管理者的失职。如果某位员工长期业绩不好，必定会产生负面言论，从而影响到整个队伍的作战状态，把整个队伍的风气带坏。所以进人先裁人，PK 之后，长期业绩不好，态度不端正的员工一定要裁掉。

只要是 PK 就必然有最后一位。不过，也有一种例外情况，某个员工的业绩虽然属于末位，但是并没有低于你的底线，这时候，就不能淘汰他。例如你设定的增长率不能低于 20%，所有员工都达到这个标准了。

**7.PK 只讲功劳，不讲苦劳；只看结果，不看过程。**

评判一个人是看过程还是看结果？当然是看结果，因为做生意看的就是销量和利润。如果一个员工每天说自己多么辛苦，又不出业绩，只能证明几件事：要么智商有问题，要么情商有问题，要么能力有问题。

身为经营管理者，千万不要给员工制造一个这样的环境：老板，你看我跟你干多少年了，没有功劳也没有苦劳嘛！如果你答应了他苦苦哀求来的条件，对于其他的员工就是一种不公平，你努力创造的公平竞争的环境就会成为泡影。你一定要让他明白，工作不讲苦劳只讲功劳。你可以问他，我如果亏了钱，我不给你发工资，你干不干？一个月不给你发，你或许可以干，3 个月不给你发，你干不干？他肯定说不干。

**8.PK 后一定要树立阶段性榜样。**

PK 之后会不会产生冠军？会不会产生亚军？肯定会。对于冠军我们通常会怎么做？产生冠军要大张旗鼓地表扬，把他当成阶段性的榜样。因为榜样具有标杆的作用，他能鼓舞士气、激励人心。

那么，我们如何树立阶段性的榜样呢？我先举一个例子。

有一次，我去一位朋友的公司，他的公司里面有一面荣誉墙。荣誉墙就是某年某月某个人为公司创造业绩了，照片往上面一放，下面写着某某获得了什么奖什么荣誉。所有人一进公司，首先看到的就是这面荣誉墙。你说这个激励作用大不大？

树立阶段性的榜样，就是要给优秀的员工一种成就感、荣誉感，以刺激其他员工奋起，让员工发挥更大的作用。

**作为经营管理者，最大的智慧就是把员工变成和自己立场一致。**

设立良性竞争机制的目的亦是如此。改变一个人不容易，但是让他和你站在同一个立场还是能办得到的。身为领导，不要总想着把一个人改造了：这个人有一个毛病，我非把他这个毛病改了！他的父母老师都没办法，你能改造得了？团队目标协同一致，只要让员工的目标和你的目标相同就行了。比如说，你想赚钱，员工也想赚钱，这个目标就是一致的，剩下的就是为如何实现这个目标而努力了。

身为经营管理者，要善于让榜样员工、优秀员工、先进员工去改变落后员工，而不是自己去改变落后员工。你要明白，前期少数影响多数，后期多数影响少数。意思是说，在前期的时候，榜样很少，但是在你不断地与优秀的、先进的员工洽谈激励中，你的榜样员工会越来越多，公司的正能量会越来越多，正能量多了，负能量就会减少，业绩不好的人受榜样的影响，业绩就会变好。如此，整个公司所有员工的立场就与你的立场一致，公司想不发展都难。

试想一下，如果有100个人和你的立场一样，100个人每人一天给你创造100多万，你就1个多亿了。所以，我们说立场很关键，你能让多少人和你的立场一样，你的事业就有多大。你的精力应该放在优秀员工、先进员工身上，让优秀的、先进的员工更优秀，让优秀的、先进的员工去改变落后的人员，这样才能协同前进，创造良好的公司氛围。

## 07 搭建价值平台，员工干劲十足

马斯洛需求理论告诉我们，当人解决最基本的物质需求之后会追求精神层面的需求。如果说利益分配系统是为了解决员工“利”的问题，那价值体现系统就是为了解决员工“名”的需求。

人活一生其实只忙四件事：学业、婚姻、事业、家庭。忙四件事为了四个目的：性、情、名、利。价值就是名的一部分。价值就是荣誉、地位、身份、尊严。价值的获得是为了让身边更多的人认可和尊重。

企业价值的含义包含三个层面：一是员工价值，二是客户价值，三是企业价值。

**经营企业其实就是为了解决一件事：用员工价值满足客户价值，最后实现企业价值。**

当员工有高额的收入之后，再用收益高低的杠杆去做管理工具的功能就会递减。这个时候就需要建立员工价值体现系统，聚焦员工的价值平台，防止员工跟你打对台，或者把你拉下台，或者离开你选择新平台。

**打造员工价值体现系统，**就是提供更多的平台让员工表演，在平台上员工能成长，员工在平台上感觉自己很重要，员工能够成为榜样或者表率。**其具体实施注重 3 个要点。**

**第一个要点，为优秀员工搭建平台。**

**1. 建立一个核心员工阳光升迁价值体现系统（路径）。**

设定阳光升迁价值体现路径。路径是根本，阳光是关键。路径是通道，阳光是机制。没有路径再阳光也没有意义。

**路径指导思想：**明确优秀员工的未来方向，让员工有更清晰的人生奋斗目标。

这一路径的目的是让员工都能成为本岗位的行业专家，随着个人能力的提升、职务的升迁、经济回报越来越高，生活品质和质量也不断提高，精神财富也不断提升，让人生更有意义。

不同岗位要设置不同的升迁路径。

比如营销路径为：

实习业代——一级业代——二级业代——三级业代——四级业代——五级业代——六级业代——七级业代。（适用于不具备管理潜质的员工）

非营销路径为：

技术员——技术标兵——技术明星——资深技术员——技师——高级技师（技术岗）。

营业员——岗位标兵——岗位明星——资深员工（其他岗位）。

职场就像登山，只有不断地提升自己，完成阶段性目标，才能实现高职位和高收入的梦想。

### 2. 设定阳光的升迁机制。

升迁路径就像高速公路，升迁机制就像高速公路的管理规定。所谓阳光就是一定要做到“三公”：公开、公正、公平。比如什么车可以上高速，什么车不可以；最低速多少，最高速多少；不能逆行；大车不能长时间占用超车道；等。

阳光升迁价值体系旨在帮助员工实现自我价值。通过公开、公平、公正三公原则，通过不同岗位任职资格和KPI考核指标来确定升迁的标准、方法、概率。贤不避亲，唯才是举。而这个升迁过程，其实也是一个相马和赛马的过程。

人们需要荣誉感，需要面子，而别人给的才叫面子，自己给的不叫面子，老板给的才叫面子。给员工打造一个表演的舞台，让员工能够一个台阶一个台阶地往上走，他就有面子，他就能够在这个舞台上进行价值体现。人生本来就是一个舞台，给员工表演的机会越多，次数越多，他就会表演得越来越好。

许昌胖东来是河南省商业界一个奇迹创造者，他带的团队，人均销售额、人均利润都排名第一。在河南许昌和新乡像沃尔玛、家乐福、丹尼斯等商超企业家都不是他的对手。

胖东来成功的秘诀无他，就是服务，把服务做到了极致。

很多消费者明明知道价格高，还愿意到胖东来购物，就是因为胖东来的服务。胖东来的服务与胖东来的员工价值体现系统有密切的关系。

只有全体员工有服务意识，一个企业服务才能深入人心，服务才能成为核心竞争力。

我们看看胖东来的升迁路径和生活规划。

| 路径 | 能力 / 技能 | 生活规划 |
| --- | --- | --- |
| 员工 | 1. 熟知本岗位业务技能和工作流程，有较强的专业知识。如营业员、理货员。熟知所管辖区域商品专业知识，本岗位订货 / 退货流程，盘存流程；库存管理，店内调拨 / 补货，商品如何防损，本岗位商品结构 / 陈列及颜色搭配等；<br>收银员：熟练地识别真假币（券、卡），能做到唱收唱付等；电脑员：要熟练操作电脑，录入速度要求每分钟 70 字以上，能简单处理电脑故障等。<br>2. 有一定的顾客分析能力。根据顾客需求（性格、身高、肤色、爱好等）为顾客提供简介、准确的引导和帮助。 | 一、租房的员工具备以下方面：<br>1.2 人或 3 人合租二室一厅或三室一厅；<br>2. 室内有日常生活的电器设备（如电视机、电磁炉电风扇、洗衣机等）；<br>3. 室内要干净、卫生、整洁、温馨；<br>4. 注意安全（如随手插拔电源、关闭煤气灶，注意人身安全等）。<br>二、自家居住的员工：<br>室内有日常生活的电器设备（如电视机、电磁炉、电风扇、洗衣机、空调等）。<br>三、简洁、大方、快乐、安全的生活，闲暇时骑车郊游，逛商场，和朋友一起聚会、聊天。 |
| 课助 / 课长 / 岗位标兵 / 技术标兵 | 1. 熟悉本课工作历程及商品结构和商品陈列，具有很强的专业技能；<br>2. 能知道和培训员工，了解和关心员工；<br>3. 有一定的协调、沟通和组织能力；<br>4. 有解决问题的能力（妥善处理客诉和退货等）；<br>5. 能合理调控和管理本部门的库存和业绩；<br>6 能合理制定本部门计划、目标达成能力；<br>7. 有较强的电脑操作和数据分析能力；<br>8. 能为员工提供公平、公正的平台，制定合理的考核方案； | 一、住房<br>1.60~80 平方米的房子或二手房；<br>2. 室内有日常生活的电器设备（如电视机、电磁炉、洗衣机、热水器、空调、冰箱、电脑、数码相机等）；<br>3. 室内要干净、卫生、整洁、温馨。<br>二、生活<br>简洁、温馨、温暖的生活，闲暇时与朋友一起逛公园、游泳、看书、上网等，使得我们的生活更充实、更有意义。 |

续表

| 路径 | 能力 / 技能 | 生活规划 |
| --- | --- | --- |
| 处助 / 岗位明星 / 技术明星 | 9. 熟悉本处公正流程及商品结构和商品陈列，具有很强的专业技能；<br>10. 能指导和培训下属，为公司储备人才；<br>11. 有一定的协调、沟通和组织能力；<br>12. 有解决问题的能力（妥善处理客诉和退换货、突发事件等）；<br>13. 能合理调控和管理本处的库存和业绩；<br>14. 能合理制定本处计划；<br>15. 有较强的预算能力和目标调控能力；<br>16. 有一定的电脑操作和数据分析能力；<br>17. 能为下属提供公平、公正的平台，制定合理的考核方案；<br>10. 有一定的顾客分析能力和服务意识。 | 一、住房<br>1.80 平方米以上新房子；<br>2. 室内有日常生活的电器设备（如电视机、洗衣机、空调、冰箱、电脑、数码相机、卫浴设备齐全、整体厨具等）；<br>3. 简洁大方实用的家具（沙发、衣柜、舒适的床等）；<br>4. 室内要干净、卫生、整洁、温馨。<br>二、生活<br>精致、温馨、浪漫的生活，拥有健康的心态，与家人一起散步、打球、交友、爬山等，学会享受生活，不断提升生活质量和品质。 |

胖东来的员工稳定、敬业爱岗，与清晰的职业升迁路径、诱人的福利有很大的关系。很少有人大学一毕业就成为老总。员工要想坐上总裁的职位，必须实现一个又一个阶段性目标。为了达到这个目标，企业就需要把升迁路径清晰地告诉员工。

### 第二个要点，让员工感觉自己很重要。

#### 1. 授权：让员工感觉有权力。

管理就是让员工忙起来，老板闲下来。只有主人才有主人翁的精神，才会自动自发地忙起来。让员工自动自发忙起来，首先要让员工成为主人，主人都是有一定权力的。所以前提是授权。在所有组织中，没有权力是很难干成事的。授权的目的是为了干成事情。授的是权力，承担的是责任。不是你认为给员工多大权力，是员工自己感觉到自己有多大权力。

在海底捞，从总经理到区域经理，从店长到服务员，他们都有不同的“权力”，比如因正当理由给顾客赠送菜品，因正当理由给顾客免单等。授权后大多数员工感到受信任，受到激励，工作会更努力，处理客人投诉会更有效，顾客满意率也就更高。正因为这样的授权，与顾客直接打交道的服务人员能更好地掌握顾客的需求，及时满足顾客的需要。

在这里授权其实是一种认可和激励。因信任而授权，人一旦被信任，就会有“士为知己者死”的态度，管理就事半功倍。差的管理一定是监控为主，激励为辅，用防贼的方式监控员工。员工被看低了，士气自然就低，管理就会事倍功半。

经常有老板抱怨说：我也授权了，还是干不好，还不如不授权。那要么是你授权授错了对象，要么是你不会授权。授权需要注意以下几点：确定授权对象；由小到大授权；只授权务之内权力；不能隔级授权；不能重复授权；授权要将权力与责任一起交给下属；临时授权一定要有期限；授权后只监督，不干预。

**2. 赋予员工重要感。**

给员工说的机会。比如说，以“员工有话说”为名举办会议，让员工畅所欲言，可以提建议、提要求。其实我们的员工很可爱，只要工资发得及时，每年增加工资，平时注意关心员工，员工在会议上提的要求都很理性。更何况，人们更喜欢执行自己提出的建议，这会提升参与感，让下属感觉被重视，有主人翁的感觉。真正智慧的人在一线，离问题最近的人才知道怎么解决问题。对于员工的建议，领导要认真思考，给予员工以尊重，正确的要及时采纳，不能马上采纳的，也要记录下来，在限定的时间回复他，一定不要打击员工的积极性。

让员工听到：你提的建议很好，对公司很重要。汉高祖刘邦常说三句话：你说的很重要；我怎么没想到；就按你说的办。刘邦的这三句话，让属下有了存在感、价值感，大家心甘情愿地为其卖命。

不打击员工参与的积极性。对于员工的建议，正确的建议要及时采纳；不能马上采纳的建议要记录下来，限期回复，确实不能采纳的解释原因。

**3. 人尽其才，坚守结果导向。**

人都有两种思维：任务思维和结果思维。比如说，上班是任务，创造价值才是结果；睡觉是任务，睡好是结果；婚姻是任务，幸福是结果；化妆是任务，别人喜欢是结果；赚钱是任务，享受是结果。

结果体现价值。员工的价值是靠过程决定还是结果决定？结果。因为所有的事情要的是结果而不是任务。努力而没有结果，比不努力更加可耻；勤劳而不能致富，比不勤劳更加可悲。身为老板，一定要将这个理念，源源不断地灌输给员工：你给企业创造多少价值和结果就决定你在这个团队里的结果。在这样的平台里，员工会很清楚，只有结果才证明自己存在的价值。

引导员工的思维方式由任务思维转向结果思维，需注意以下 3 点：

汇报工作给结果。告诉员工，汇报工作的时候一定要先说结果不要讲理由。

请示工作给方案。要求员工向领导请示工作，一定要给出解决方案，A 或者 B，领导可以根据实际情况做出选择或者提出修改意见。员工不能领导说怎么做就怎么做，自己不思考解决方法。

总结工作给流程。总结工作，员工一定要拿出流程，这样做的目的，能够让员工查缺补漏，帮助员工进一步理清工作的思路，同时，领导或者他人也能看清员工的工作方法，对于不恰当的地方，能够及时给予指正。

**第三个要点，分享体现价值。**

人生舞台少，演员少，观众多。有些人一辈子也没有上台演讲的机会。

为什么大家都喜欢上台发言。因为有很多人听你讲，证明你存在的价值。

企业存在的两种文化：强势文化——别人很优秀，我想超越他；弱势文化——别人很优秀，我想灭掉他。两种文化决定不同的战斗力。一个企业最怕的是弱势文化的侵袭，妒忌之心、幸灾乐祸之心，会阻碍个人的成长及企业的发展。为此，许多企业都力求建立强势文化。

**那么，如何建立强势分享文化呢？**

**1. 树立师道文化。**

谁懂谁为师，谁优秀谁为师。

例如，销售冠军每月举办一次分享大会，让讲的人有自豪感，让听的人有差距感。因为人有见贤思齐之心，见什么就想成为什么。

有些老板开会有一个很大的问题，一开会就先让问题员工讲。开会的时候，最好不要给问题员工发言的机会，因为他要一开口全是负面的东西。在会上想发言可以，但是你必须弘扬正能量，讲方法、讲经验，不要提那么多问题，有问题可以私下一对一沟通，这就是师道文化。这种文化一旦形成了，企业中的正能量就会越聚越多，风气就会越来越正了。

**2. 树立榜样。**

文化的流传是靠榜样人物流传的，优秀人物、权威人物可以成为一种象征。比如说，孔子是仁爱的代表，岳飞精忠报国，诸葛亮是智慧的化身。思想是靠榜样落地的，企业文化必须用人物去承载，方能有血有肉，丰富多彩。

身为经营管理者，要善于挖掘企业的榜样，用一个精神的光芒，穿透每个人的内心。由此，企业上下形成一种思想，统一语言，统一行为，统一思想，这样的团队才具备极强的凝聚力、向心力。切忌不要将自己树立为榜样，要树立别人为榜样，榜样越多，你的工作就越轻松。

**政治家经营思想，宗教经营信仰，企业家经营平台。**

老板想要获得员工的忠诚，激发团队战斗力，必须把平台搭好了，让员工觉得你是在跟他一起奋斗，或者让员工能够借助你的平台实现自己的梦想，如此一来，他的干劲就会大增。

## 08 人心是最大的生产力

人是感情动物，除了有物质的需求，对名的追求之外，还有对感情的需求。

为什么企业老板愿意用亲戚、朋友？因为他们忠诚。

为什么他们忠诚？因为他们之间互相关心，有感情。即便待遇少一点，职位低一点，他们也会对老板不离不弃。

在企业经营中，人文关怀运用得当，很多时候比增加待遇、提升职务还要有效果。它相当于一种后勤供给，没有它，企业想制胜就很难。

一个企业的发展，靠硬件也靠软件。**人才是最大的软件，人气是最大的文化，人心是最大的生产力。**

**一个优秀的企业善于经营人心，就是给予员工人文关怀，以人心换人心。**人文关怀不仅创造条件满足员工的生存需要、享受需要，从经济和道义上给予员工关怀，更重要的是在精神上帮助员工充分实现自我的价值。

有一家饮品企业，厂区很大，办公楼盖得很漂亮，办公楼前宝马、奔驰、奥迪停了很多辆，实力很强，硬件很好，员工离职率却很高，甚至出现用工荒。老板很不解。我去企业实地考察后发现了问题的症结，企业缺乏人文关怀系统。

首先，企业不舍得在基层员工的吃住上投资。一线工人一半时间在车间，一半时间在宿舍。我去调研的工厂办公楼和员工宿舍形成强烈反差的对比，宿舍简直可以用“惨不忍睹”来形容。一个标准宿舍高低床3张到4张，没有装衣服的柜子，一层楼只有一个洗手间，没有开水喝，没有洗澡间，没有人打扫卫生。员工的伙食也极差，一顿饭1.5元标准，不要说吃好，吃饱都不容易。比大学的集体宿舍条件还要差。

其次，远离市区，占地150亩的厂区找不到任何娱乐设施，工人下班后除了吃饭就是睡觉。

第三，上班时间长，车间实行12小时制。

第四，车间外观很漂亮，硬件跟不上，夏天车间温度高达40度，没有空调，每一天都有中暑的员工被抬出来。你在这样的环境能干多久？

第五，成本管控到了苛刻的地步。水电都核定有标准，超支自理。

调研过程中，工人说得最多的就是：工厂没有人情味，没有家的感觉，感觉冷冰冰的。

对此，我们要思考：企业管理人员对工人没有人情味，工人会全身心付出吗？

如果我们只是将目光聚焦在团队的战斗力上，而忽视了对团队成员身心的关心，那就是竭泽而渔。当员工不可忍受时，必然会辞职离去。没有员工的投入，就没有企业的成长。身为领导者，也要学会感恩员工，努力创造各种条件来提升员工的忠诚度。

**其一，不断提升员工办公和生活的环境标准。**

良好的环境能让人身心愉悦地工作，这也是吸引人才、留住人才的办法之一。

**其二，发挥人力资源部的人文关怀功能。**

人力资源部的职能是什么？招聘、培训、薪酬、关怀。然而，很多企业只在乎前三者，忽略了人文关怀。

曾经有一家企业，新员工报到后第一周流失率非常高。企业一直找不到原因。后来我调查后发现，新员工到公司报到，入职手续就需要两天办理。没有人指引，新员工自己摸索着找各个部门办理。各个部门也是脸难看，话难听。还有更离谱的，员工入职根据职务不同先缴2000~5000元不等的押金。用一位离职员工的话说："我还没有领工资就先让我交钱，谁知道钱交上后退不退给我？"员工办理入职手续后没有任何关于企业文化、制度、产品、架构、作业流程的培训，就被赶上岗。员工的成长完全靠自悟。这样的企业员工流失率高也就很正常了。

要想人力资源部很好地发挥关怀职能，应建立畅通的沟通渠道，给员工说话的权利。让员工随时随地可以反馈自己的意见。定期召开员工有话说会议，让员工畅所欲言。操作的关键点：多听、少表态。公布领导邮箱、手机。基层信息、意见可以第一时间传达到高层。

关注员工的成长。在日常考核过程中，发现每一个员工的特长，创造一切条件提升员工的特长，然后再做到人尽其才。把合适的员工放在合适的位置上是最好的关怀。

经常性地找员工谈话。谈话也是一种激励。

**其三，多为员工做"雪中送炭、锦上添花"的事儿。**

老板把员工当人看，员工才把你当老板看。做老板一定要养成"雪中送炭、锦上添花"的习惯。在员工最困难、最无助的时候你能帮他们，你能感动他们；在员工需要你捧场的时候你能放下一切事情去捧场。你能给员工多少感动，你能给员工多少有价值的捧场，你的员工就会给你多少忠诚。

有一家企业，招收了一个刚刚大学毕业的学生，上班的第二个月，他就向老板借2000元，说是家里有事。老板当时也没问怎么回事，就把钱借给了他。

后来，老板一打听，原来该员工的爷爷去世了，这个员工是个孤儿，一出生父母就去世了，是他爷爷带着他吃百家饭长大的。老板知道此事后，什么都没说，就让助理再取4000元，和他一块去看望该员工。

到了这名员工的家乡，老板二话没说，就和该员工一起张罗他爷爷的后事，这让该员工很受感动。

上班后，该员工第一件事就是跪在这个老板的面前磕了三个响头，说："老板，这辈子我跟定你了，你叫我干啥我干啥。"

现如今，这名员工已成了老板的左膀右臂，公司里他的业绩是最好的，他总能发挥正能量，从没有过抱怨，他常说的一句话就是："我的人生是老板给的。"

人心都是肉长的。想获得别人的忠诚，身为老板，一定要思考一下：你放过多少人情债？你到底感动过多少人？感动到什么程度？

你真正感动过多少人，关键时刻就有多少人为你留下。

当你的员工在困难的时候、无助的时候、需要帮助的时候，你帮他一把比你平时给他发多少奖金都管用。

**其四，通过团队活动增加人文关怀。**

通过活动让员工感觉到企业文化的存在。比如说，企业根据工作年限的不同，对员工实行不同的年假制度，组织团体旅游活动等，这些都有利于团队的忠诚度建设。

只要是团队活动，必然会有分组，有PK，也就意味着鼓励员工在团队中交朋友，朋友之间会互相关心。实践证明，在组织中有朋友的比没有朋友的独行侠要稳定和忠诚。